Sophie Courau



# Les outils d'excellence du formateur

***Pédagogie et animation***

2

*Partie Connaissance du problème*

ESF
éditeur

23, rue Truffaut, 75017 Paris

COLLECTION
FORMATION PERMANENTE EN SCIENCES HUMAINES

Collection fondée par Roger Mucchielli
et dirigée par Lionel Bellenger

*Ouvrages publiés dans la collection*
*Formation Permanente en Sciences Humaines*

*ROGER MUCCHIELLI*
L'analyse de contenu des documents et des communications (7e édition).
Communication et réseaux de communications (9e édition).
Les complexes personnels (5e édition).
La conduite des réunions (14e édition).
La dynamique des groupes (14e édition).
L'entretien de face à face dans la relation d'aide (14e édition).
L'étude des postes de travail (8e édition).
L'examen psychotechnique (8e édition).
L'interview de groupe (6e édition).
La méthode des cas (8e édition).
Les méthodes actives dans la pédagogie des adultes (8e édition).
Observation psychologique et psychosociologique (4e édition).
Opinions et changements d'opinion (4e édition).
Organigrammes et sociogrammes *(épuisé).*
Psychologie de la publicité et de la propagande *(épuisé).*
Psychologie de la relation d'autorité (6e édition).
Psychologie de la vie conjugale (4e édition).
Psychosociologie d'une commune rurale (1re édition).
Le questionnaire dans l'enquête psychosociale (10e édition).
Le travail en équipe (7e édition).

*BERNARD ADAM*
Animer une étude analyse de la valeur. Guide pratique des procédés et des techniques efficaces (1re édition).

*ANNE ANCELIN-SCHUTZENBERGER*
Le jeu de rôle (5e édition).

*BRUNO BARJOU*
Savoir transmettre son expertise et son savoir-faire (1re édition).

*ROGER BAZIN*
Développement personnel et entraînement mental (5e édition).
Le nouvel esprit qualité. Une pédagogie pour enrichir le dialogue social et garantir une meilleure efficacité des entreprises (1re édition).
Organiser les sessions de formation (5e édition).

*LIONEL BELLENGER*
L'argumentation. Principes et méthodes (5e édition).
La confiance en soi (3e édition).
L'expression orale. Une approche nouvelle de la parole expressive (6e édition).
Les outils du négociateur. Consulter, argumenter, réfuter [2] (1re édition).
Stratégies et tactiques de négociation [1] (2e édition).

*LIONEL BELLENGER ET MARIE-JOSÉE COUCHAERE*
Animer et gérer un projet. Un concept et des outils pour anticiper l'action et le futur (3e édition).

*PIERRE CAUVIN ET GENEVIÈVE CAILLOUX*
Les types de personnalité. Les comprendre et les appliquer avec le MBTI (indicateur typologique de Myers-Briggs) (2e édition).

*ALAIN CAYROL ET PATRICK BARRERE*
La programmation neuro-linguistique (P.N.L.). Des techniques nouvelles pour favoriser l'évolution personnelle et professionnelle (9e édition).

*DOMINIQUE CHALVIN ET L'ÉQUIPE CEGOS-IPPSO*
Les réunions d'expression des salariés. Les organiser, les animer et y participer (1re édition).

*DOMINIQUE CHALVIN*
L'affirmation de soi (8e édition).
Autodiagnostic des styles de management. A l'usage des cadres et des dirigeants (4e édition).
Faire face aux stress de la vie quotidienne (5e édition).
Les nouveaux outils de l'analyse transactionnelle. Pour développer l'énergie des individus et des organisations [2] (5e édition).
Les outils de base de l'analyse transactionnelle. Pour développer l'énergie des individus et des organisations [1] (7e édition).
Utiliser tout son cerveau. De nouvelles voies pour accroître son potentiel de réussite (5e édition).

*GÉRARD CHANDEZON ET JOËL SALOU*
L'insécurité. Comprendre les risques de la vie quotidienne et y faire face (1re édition).

*JACQUES CHAUMIER*
Travail et méthodes du documentaliste (5e édition).

*JEAN-DOMINIQUE CHIFFRE ET JACQUES TEBOUL*
La motivation et ses nouveaux outils. Des clés pour dynamiser une équipe (3e édition).

*JACQUES CLARET*
Organiser la pensée. Une formation méthodique au travail intellectuel (4e édition).

*VIRGINIE CORNET, PHILIPPE AURIOL*
Le parler-vrai. La méthode Schutz pour être vrai avec soi-même et avec les autres (1re édition).

*MARIE-HÉLÈNE COU ET CLAUDE DEMEURE*
Utiliser efficacement la vidéo en formation. L'autoscopie à l'usage des enseignants et des formateurs (1re édition).

*MARIE-JOSÉE COUCHAERE*
Eduquer la mémoire (4e édition).

*SOPHIE COURAU*
Les outils de base du formateur. Parole et supports [1] (3e édition).
Les outils d'excellence du formateur. Pédagogie et animation [2] (3e édition).

*PHILIPPE CRUELLAS ET RAPHAËL BENAYOUN*
Le temps mode d'emploi. Reconquérir son temps... et sa vie (4e édition).

*GÉRARD DEVAUX*
Se préparer à l'oral des examens et des concours (2e édition).

*MARC DOVERO ET ELISABETH GREBOT*
Enseigner, former, conseiller avec la PNL (3e édition).

*VIVIANE DUBOS*
Les émotions. Comment s'en faire des alliées avec les outils de la PNL (3e édition).

*VICTOR ERNOULT, JEAN-PIERRE GRUERE, FABIENNE PEZEU*
Optimiser les ressources humaines dans l'entreprise. Formation à la méthode du bilan comportemental (2e édition).

*MICHEL FUSTIER*
Pratique de la créativité (6e édition).
Pratique de la dialectique (2e édition).
La résolution de problèmes, méthodologie de l'action (5e édition).

*BERNARD GANGLOFF*
Les techniques de recherche d'emploi (1re édition).

*MICHEL GIFFARD*
Développez votre intuition et celle de votre équipe (1re édition).

*PATRICK GILBERT*
Gérer le changement dans l'entreprise. Comment conduire des projets novateurs et développer les ressources humaines (1re édition).

*PATRICK GILBERT ET CHRISTIAN CHARDON*
Analyser l'écriture. Une démarche et un outil nouveaux en graphologie (2e édition).

*PATRICK GILBERT ET CLAUDE PIGANIOL-JACQUET*
Informatiser la gestion. Application aux ressources humaines (1re édition).

*LAURENT GODBOUT*
S'entraîner à raisonner juste. Pour mieux se comprendre et mieux s'entendre (1re édition).

*ELISABETH GREBOT*
Images mentales et stratégies d'apprentissage. Explication et critique. Les outils modernes de gestion mentale (2e édition).

*ANDRÉ GUITTET*
Mobiliser les compétences. Par une ingénierie de la formation (1re édition).

*HUBERT JAOUI*
Créativité, mode d'emploi (3e édition).

*HUBERT JAOUI, FRANÇOIS-MARIE PONS*
La communication pratique au service des entreprises (1re édition).

*ALAIN JOLIBERT ET MAUD TIXIER*
La négociation commerciale. Etudes de cas. Préparation et stratégie (1re édition).

*PHILIPPE KAEPPELIN*
L'écoute. Mieux écouter pour mieux communiquer (5e édition).

*JEAN-FRANÇOIS LABOREY*
L'entretien annuel d'appréciation et de carrière (2e édition).

*ANNE-MARIE LAPORTE-CASTELNAU ET BRIGITTE LAPORTE-DARBANS*
La gestion de soi. La nouvelle du management (2e édition).

*ROGER LAUNAY*
La négociation (3e édition).

*PIERRE LEBEL*
Améliorer la qualité de vie au travail par la participation (1re édition).
Métrologie, mesure et maîtrise des communications (1re édition).
Pratique du droit social. A l'usage des cadres et de la maîtrise dans les entreprises (1re édition).

*CLAUDE LEBŒUF, ALEX MUCCHIELLI*
Le projet d'entreprise. Comment le préparer, le réaliser et motiver votre personnel (2e édition).

*EDOUARD LIMBOS*
L'animation des groupes de culture et de loisirs (5e édition).
Les barrages personnels dans les rapports humains. Comment les comprendre et les surmonter (3e édition).
La formation des animateurs de groupes de jeunes (3e édition).
Le management des changements sociaux dans l'entreprise (1re édition).

La participation. Conseils et méthodes pour développer la qualité et l'animation de la «vie associative» (1re édition).
Les «problèmes humains» dans les groupes (2e édition).

*YVES-FRÉDÉRIC LIVIAN*
Gérer le pouvoir dans les entreprises et les organisations (1re édition).

*CHRISTOPHE LUNACEK*
La délégation efficace. Pour un nouveau management plus responsabilisant (1re édition).

*ALEX MUCCHIELLI*
Les mentalités. Compréhension et analyse (1re édition).
Rôles et communications dans les organisations (3e édition).

*JACQUES NIMIER*
La formation psychologique des enseignants (1re édition).

*DANIEL PEMARTIN*
Réussir le changement. Mutations des entreprises et problèmes humains (1re édition).

*PHILIPPE PIGALLET*
Méthodes et stratégies de lecture. Pour un art de lire (3e édition).

*CHRISTIE RAVENNE*
Gérer les tournants de carrière (1re édition).
Les nouvelles missions du management. Adaptation et flexibilité (1re édition).
Rechercher et innover en groupe. Méthodes à l'usage des groupes d'amélioration de la qualité (2e édition).

*GUY SABON ET JEAN-MARIE JIVEL*
L'entretien de recrutement. Des outils et des méthodes pour mieux recruter (2e édition).

*GUY SABON*
Formation des tuteurs et des maîtres d'apprentissage. Pour une intégration réussie des jeunes dans l'entreprise (1re édition).

*CHANTAL SELVA*
La programmation neuro-linguistique appliquée à la négociation (3e édition).

*CHANTAL SELVA ET GUY MISSOUM*
Savoir définir et gérer des objectifs. Une stratégie de la réussite (2e édition).

*LOUIS TIMBAL-DUCLAUX*
La communication écrite scientifique et technique. Qualité et lisibilité (1re édition).
L'expression écrite. Ecrire pour communiquer (6e édition).

*ARLETTE YATCHINOVSKY, PIERRE MICHARD*
Le bilan personnel et professionnel. Instrument de management (3e édition).
Histoire de vie. Une nouvelle approche pour repenser sa vie autrement (1re édition).

*HORS COLLECTION*

L'HOMME ET SES POTENTIALITÉS.
ÉTUDES EN HOMMAGE À ROGER MUCCHIELLI.
Textes réunis par Arlette Mucchielli et Alexandre Vexliard, Paris, 1984.

REMERCIEMENTS

*Merci à Serge, Bernadette, Hubert, Lionel, Patricia, David, Dominique, Pascal et tous ceux qui, consciemment ou inconsciemment, m'ont apporté leur aide pratique et psychologique dans la rédaction de ces deux ouvrages.*

## AVERTISSEMENT

Ces deux ouvrages, *Les outils de base du formateur : parole et supports et Les outils d'excellence du formateur : pédagogie et animation*, sont conçus pour être les manuels de référence des enseignants et formateurs, qu'ils soient débutants ou confirmés.

Le tome 1 présente les connaissances et les savoir-faire premiers du formateur : le discours pédagogique et ses outils.

Le tome 2 développe deux domaines qui ont fait couler beaucoup d'encre dans le vaste monde de la formation et de l'enseignement : la pédagogie et l'animation.

Les deux ouvrages forment un tout mais peuvent parfaitement être lus séparément.

# TABLE DES MATIÈRES

# INTRODUCTION

*La pédagogie est la dimension noble du formateur. Elle fait la différence entre les formateurs, elle permet – ou non – au groupe et aux individus, d'atteindre des objectifs de progrès.*

*Nous allons nous placer dans le cadre de stages courts pour adultes. Néanmoins, les principes pédagogiques exposés dans ce livre peuvent parfaitement s'extrapoler à des formations longues qu'on découpe en modules ou à l'enseignement initial.*

*Il y a pédagogie à partir du moment où se retrouvent ensemble, dans un lieu donné, un ou plusieurs apprenants, un ou plusieurs formateurs, et un ou plusieurs objectifs à atteindre par les apprenants à l'issue de la durée, déterminée et finie, de l'apprentissage.*

*Pour développer une dimension pédagogique, un formateur doit être capable de :*

*– connaître et comprendre quelques principes simples de la pédagogie des adultes ;*

*– élaborer une progression pédagogique qui permette d'atteindre des objectifs ;*

*– choisir et maîtriser les outils et les techniques qui se succéderont dans cette progression ;*

*– concevoir un stage de A à Z.*

*On peut comparer un apprentissage à une croisière en bateau. L'objectif pédagogique est la destination finale à laquelle il faut parvenir en un temps limité et déterminé. Les courants pédagogiques sont les courants marins. De même que les courants marins sont causés par le relief des fonds et sont le résultat de plusieurs milliers d'années d'histoire, les courants pédagogiques sont les styles de pédagogie qui existent et évoluent depuis toujours. On ne peut les changer, mais on peut les utiliser pour atteindre plus vite, ou plus sûrement, les objectifs. La progression pédagogique c'est la route que l'on prend : choisir un courant, utiliser le vent, tirer des bords, changer d'allure. C'est le déroulement dans le temps, la juxtaposition des différentes méthodes que l'on choisit. Les techniques pédagogiques sont les allures : pré, grand largue, vent arrière, elles doivent tenir compte de la destination des courants, du vent et de la durée choisie pour la croisière.*

*Les outils pédagogiques sont tous les composants du gréement : écoutes, voiles, winch... avec une place toute particulière pour le gouvernail que nous comparerons au fil rouge, l'outil de base du formateur pédagogue.*

*Enfin, la méthode de conception d'un stage comprend toutes les étapes par lesquelles passe un capitaine pour préparer sa traversée.*

*Toute cette mécanique n'intègre pourtant pas une dimension fondamentale de la formation : l'animation.*

*Créer un climat convivial dans le groupe, accompagner les stagiaires dans leurs résistances au changement, gérer un relationnel qui peut être parfois difficile, c'est aussi l'art de l'enseignant-formateur. Cet art passe par trois étapes :*

*— connaître les principes et les théories de l'animation des groupes ;*

*— identifier les différentes typologies d'apprenants et leurs manifestations ;*

*— appliquer les techniques de gestion du relationnel et en comprendre la philosophie.*

*Qui a déjà vécu une croisière en bateau sait que rapidement des rôles se dégagent, que l'équipage oscille entre la franche camaraderie et la rivalité hargneuse, que la vie en groupe génère des émotions aussi variées que les nuances d'un arc-en-ciel et que ça n'est pas toujours facile d'être un bon capitaine.*

# Premier exposé

# CONNAÎTRE ET COMPRENDRE LA PÉDAGOGIE

Les bibliographies citées dans les ouvrages de pédagogie sont toujours immenses et désespérantes. Il n'est guère d'historien, de philosophe, de psychologue qui ne se soit un jour penché sur l'insondable mystère de l'apprentissage. Connaître les règles qui permettent d'apprendre à coup sûr, c'est détenir un pouvoir réel.

Pierre philosophale des sciences humaines, la pédagogie n'a pas encore délivré tous ses secrets. Pourtant, on peut tenter, de manière succincte et schématique, de résumer les grandes problématiques de la pédagogie et les conditions d'apprentissage chez un adulte.

## 1 Les représentations du formateur et du formé, du maître et de l'élève

J'ai mené à plusieurs reprises une expérience amusante : faire réfléchir simultanément deux groupes, chacun sur un des thèmes suivants :

Que vous évoque le mot formateur ?

Que vous évoque le mot formé ?

Le premier groupe produit une liste impressionnante de mots, dont voici quelques-uns :

Éleveur, maître, enseignant, gardien, frustré, autoritaire, jardinier, exposé, ami, danger, communication, exhibition, savoir, discipline, tableau, groupe, écoute, présence...

Et le second groupe :

Ne sait pas, apprend, mouton, agité, forme, pâte à modeler, sort d'un moule, façonné, développement, action, écoute, participation...

Cet exercice, qui date de 1991, révèle les différentes tendances de la pédagogie. Quelques références historiques nous éclairent sur le sujet.

À ce propos, il est étonnant de noter que les différentes conceptions du formateur et du formé – du maître et de l'élève – coexistent tout au long de l'histoire. On peut dire ainsi que les conceptions du formateur et du formé évoluent peu avec les siècles. Si les techniques changent, les problématiques restent les mêmes depuis l'Antiquité : le savoir est-il dans le maître ou dans l'élève ? La pédagogie est-elle transmission de savoir du formateur à l'apprenant ou création par le formateur d'un environnement qui permettra à l'élève d'accéder seul au savoir ? Ces deux points de vue se retrouvent simultanément à différentes époques. Ainsi, dans l'Antiquité, Platon explique que le maître n'est pas celui qui sait et l'élève celui qui ne sait pas, mais qu'au contraire « au-dedans de son âme chacun possède la puissance du savoir ainsi que l'organe au moyen duquel chacun acquiert l'instruction »[1].

À la même époque, Xénophon affirme que la réussite de l'éducation chez les Perses tient, entre autres, à ce que « les gouverneurs emploient la plus grande partie du jour à les juger (les enfants) »[2].

La même opposition se retrouve pendant la Renaissance. Rabelais décrit ainsi les activités du précepteur de Gargantua et de son élève qui mettaient à profit chaque moment de la journée, même l'après-souper : « Ce fait, on apportait les cartes, non pour jouer, mais pour y apprendre mille petites gentillesses et inventions nouvelles, lesquelles toutes issaient d'arithmétique. En ce moyen entra en affection d'icelle science numérale, et, tous les jours après dîner et souper, y passait temps aussi plaisantement qu'il soulait ès dés ou ès cartes »[3].

À l'inverse, les Jésuites prônent un maître, non pas à l'égal de son élève mais qu'on peut citer en exemple : « Si l'on passe pour savant, le prestige en est accru. C'est pourquoi, à l'occasion et avec prudence, il est bon de faire connaître dès le début sa science : les élèves vénèrent les professeurs capables de les bien instruire »[4].

Au XVII^e siècle, Locke s'insurge contre l'apprentissage par le « par cœur » : « Quand je considère quelle peine on se donne pour apprendre un peu de latin et de grec [...] je ne puis m'empêcher de penser que les parents vivent encore eux-mêmes dans la crainte du maître d'école et de ses verges et que le fouet reste à leurs yeux le seul instrument d'une éducation dont le seul but serait l'acquisition d'une ou deux langues »[5].

---

1. *République,* VII, 518 b, 519 e, La Pléiade.
2. Charmot F., *La pédagogie des Jésuites*, Spes.
3. *Gargantua,* chap. XXIII.
4. *Cyropédie,* Ed. Garnier.
5. *Pédagogie générale.*

Au même moment, Madame de Maintenon conseille aux éducatrices de filles de « ne laisser rien apprendre par cœur qui ne soit excellent : donner de grandes et solides idées de religion aux demoiselles qui sont capables de les recevoir [6] ».

Au XVIIIe siècle coexistent des conceptions aussi différentes que celles de Rousseau et celles de Condorcet.

Le premier « n'aime point les explications en discours : les jeunes gens y font peu d'attention et ne les retiennent guère. Les choses ! les choses ! Je ne répéterai assez que nous donnons trop de pouvoir aux mots ; avec notre éducation babillarde, nous ne faisons que des babillards [7] », alors que le second, dans son projet de décret sur l'organisation générale de l'instruction publique, préconise que « les instituteurs donneront des conférences hebdomadaires, ouvertes à tous les citoyens ». On pourrait multiplier les exemples.

Il n'y a donc guère d'évolution des courants de la pédagogie. Les thèses défendues par Célestin Freinet en 1950 sont très proches de celles de Platon, quatre siècles avant Jésus-Christ.

À partir de ce constat se pose une question simple : *Vers quel courant se diriger lorsqu'on est un formateur ?*

C'est la notion d'objectifs pédagogiques qui permet de faire le choix entre l'un ou l'autre de ces courants.

Mais avant de parler d'objectifs, précisons les différences entre les courants de la pédagogie.

# 2 Les quatre courants de la pédagogie

Dans son ouvrage, *Guide pratique du formateur* (éd. INSEP), Jacques Piveteau définit quatre écoles en pédagogie.

## LE COURANT TRADITIONNEL

Il part du principe que le maître possède le savoir.

L'apprentissage est donc organisé pour que le formateur transmette son savoir au formé. La technique pédagogique la plus utilisée est l'exposé. Aujourd'hui, on utilise des outils tels que films, transparents, diaporamas ou toute aide visuelle tendant à favoriser l'ingestion et la mémorisation du savoir par les formés.

---

6. *Lettres et entretiens sur l'éducation des filles.*
7. *Émile,* Livre III.

Le courant traditionnel est une pédagogie centrée sur le formateur et le message à transmettre.

## LE COURANT COMPORTEMENTALISTE

Il considère qu'on peut faire évoluer le comportement d'un formé en le soumettant à des stimuli externes. Dans les années soixante, B.F. Skinner, professeur à l'université de Harvard, a ainsi mené de nombreuses expériences sur les animaux, prouvant qu'on pouvait leur faire apprendre des comportements complexes : chaque comportement est divisé en étapes et à chaque fois qu'une étape est franchie avec succès, l'animal reçoit une récompense ou « renforcement ». En extrapolant ces méthodes à des êtres humains, B.F. Skinner a mis au point « l'enseignement programmé ». Ce courant se renforcera encore à l'apparition de l'enseignement assisté par ordinateur.

Le courant comportementaliste est une pédagogie centrée sur la progression pédagogique et l'outil (test, ordinateur...). On retrouve ce courant chez Xénophon, dans sa description de l'éducation spartiate.

## LE COURANT HUMANISTE

Il représente le formateur comme un conseiller dont l'objectif est de développer l'autonomie des apprenants. Largement développé dans les années soixante-dix, le courant humaniste prône la non-directivité et l'abandon des notions de contrôle et de programme. Pour le courant humaniste, l'apprenant est spontanément motivé pour apprendre.

« Apprendre » pour Carl Rogers, « c'est changer, abandonner ses dépendances antérieures à l'égard d'un maître ou d'un moniteur, c'est renoncer à un savoir pré-digéré, c'est s'exposer directement à la vie [8] ».

On peut retrouver cette conception de la pédagogie chez Jean-Jacques Rousseau.

Le courant humaniste est une pédagogie centrée sur l'apprenant.

## LE COURANT FONCTIONNALISTE

Il considère le formateur comme un guide qui a pour tâche la réalisation des objectifs de la formation. Le formé doit connaître les objectifs, il contrôle son processus d'apprentissage, il connaît le programme de la formation.

Développé par Mager, le courant fonctionnaliste s'illustre, entre autres, par l'œuvre de Condillac, au XVIIIe siècle, qui met en avant l'idée d'objectif et de

---

8. R. Mucchielli, *Les méthodes actives dans la pédagogie des adultes*, dans cette collection.

programme : « Il ne suffit pas de donner des connaissances à un enfant : il faut qu'il s'instruise en cherchant lui-même, et le grand point est de bien le guider. S'il est conduit avec ordre, il se fera des idées exactes ; il en saisira la suite et la liaison : alors, maître de les parcourir, il pourra se rapprocher des plus éloignées et s'arrêter à son choix sur celles qu'il voudra considérer [9] ».

Le courant fonctionnaliste est une pédagogie centrée sur l'objectif et les techniques pédagogiques.

On peut classer ces courants selon deux axes :

– la position du savoir (chez le formateur, chez le formé) ;

– la dimension affective ou rationnelle développée pendant la formation.

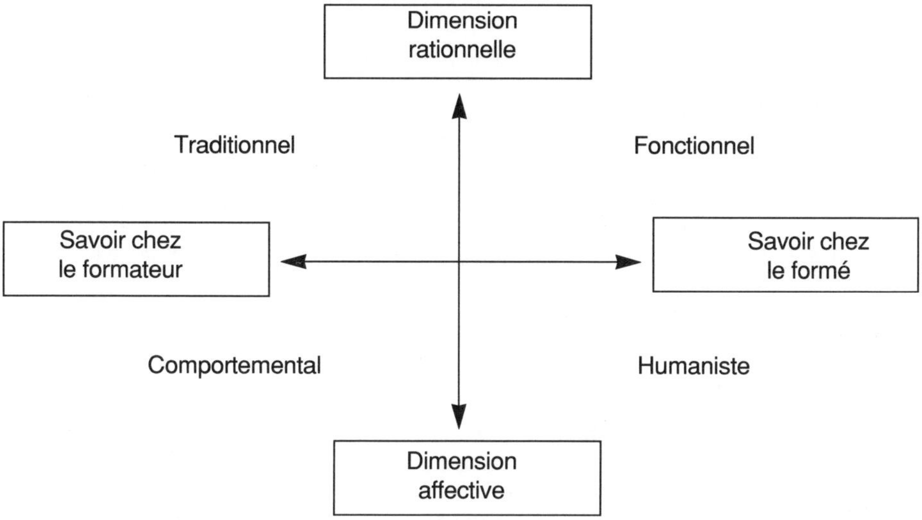


Connaître ces quatre courants pédagogiques permet :

– d'analyser ses habitudes d'animation lorsqu'on est formateur ;

– d'élargir son champ de connaissance et d'imaginer une autre façon d'enseigner.

Si l'on retrouve ces courants tout au long de l'histoire, un formateur peut décider aujourd'hui d'adopter une démarche pédagogique plutôt qu'une autre en fonction de deux paramètres :

– les conditions d'apprentissage d'un adulte ;

– les objectifs poursuivis pendant la formation.

9. Condillac, *Motifs des études.*

# 3 Sept conditions d'apprentissage chez l'adulte

Un adulte n'apprend pas comme un enfant, de multiples expériences le prouvent. On ne peut pas transposer les méthodes pédagogiques scolaires classiques, issues le plus souvent du courant traditionnel, à la pédagogie pour adultes. Le vécu, l'âge, les contraintes et les responsabilités qui caractérisent un adulte ne lui laissent ni la même souplesse intellectuelle, ni le même idéalisme, ni la même capacité d'adaptation qu'un enfant ou un adolescent. D'autre part, les adultes ont une forte résistance face à un système pédagogique classique et cela pour quatre raisons :

— ils ne considèrent pas comme acquise l'autorité du formateur. Celui-ci est un adulte exerçant une fonction professionnelle, comme le formé, et non un maître omniscient ;

— ils estiment que la formation doit avoir un résultat concret pour eux dans l'exercice de leur fonction, le développement de leur carrière ou leur épanouissement personnel ;

— ils refusent le système de sanction tel qu'il est pratiqué dans le milieu scolaire, parce que cela leur rappelle trop souvent des souvenirs désagréables ;

— ils veulent qu'on prenne en compte leurs acquis, leurs expériences. Ils n'arrivent pas en stage en ne sachant rien et en voulant tout apprendre, mais porteurs d'une réalité complexe et cherchant quelques outils pour les aider dans leur cheminement.

Ainsi un adulte n'apprend-il pas à n'importe quelles conditions. Sept d'entre elles s'imposent.

## UN ADULTE APPREND S'IL COMPREND

La matière à apprendre doit se structurer dans une logique facile à retenir. Par exemple, un stage de techniques de vente peut reprendre les grandes étapes chronologiques d'un entretien de vente. Le vocabulaire utilisé doit faire partie du vocabulaire quotidien du formé et les exemples, illustrations, anecdotes doivent être pris dans sa vie quotidienne. Pendant un stage de techniques de maintenance de photocopieurs, évitons les analogies incessantes à la maintenance des machines outils.

## UN ADULTE APPREND SI LA FORMATION EST EN RELATION DIRECTE AVEC SON QUOTIDIEN

Les cas et les problèmes traités pendant le stage doivent être des cas et des problèmes réels. Trop de formations utilisent des jeux, certes intéressants, mais qui demandent un intense effort intellectuel pour en comprendre le lien avec l'activité professionnelle des formés.

Les techniques ou savoirs qui sont présentés pendant la formation doivent se relier facilement avec ce que savent ou font déjà les participants. Si la matière enseignée est déconnectée de la réalité du formé, alors les objectifs ne pourront être atteints, ni l'acquisition durable.

## UN ADULTE APPREND S'IL PERÇOIT, COMPREND ET ACCEPTE LES OBJECTIFS DU STAGE

Les objectifs doivent donc être clairement annoncés en début de formation et cohérents avec les attentes des stagiaires. Cela signifie que ces attentes seront exprimées ouvertement par chacun devant le groupe.

L'apprentissage est fractionné en petites étapes progressives, comme un puzzle, et chaque étape doit avoir un objectif. Une formation à la facturation pour de nouvelles caissières en boutique peut être ainsi divisée en étapes, chacune ayant un objectif.

- **Étape 1 : la facturation dans la chaîne comptable**

  *Objectif* : comprendre ce qui se passe avant et après la facturation et connaître les conséquences d'une facturation avec et sans erreurs ;

- **Étape 2 : les documents et bordereaux de facturation**

  *Objectif* : connaître la signification de ces documents ;

- **Étape 3 : la caisse enregistreuse**

  *Objectif* : être capable d'enregistrer les achats et de sortir un ticket de caisse.

On pourrait imaginer d'autres étapes : l'encaissement (cartes de crédit, chèques, espèces, travellers), les principales erreurs, le comportement face au client pendant la facturation...

Chaque étape forme un mini-stage. À tout instant le stagiaire sait où il se situe dans l'apprentissage et en quoi ce qu'il fait contribue à l'atteinte de ses objectifs. Ainsi, un apprentissage global est meilleur qu'un apprentissage partiel : on comprend mieux les détails si l'on a compris la logique du tout.

## UN ADULTE APPREND S'IL AGIT ET S'ENGAGE

Comme le précise Roger Mucchielli dans son ouvrage *Les méthodes actives dans la pédagogie des adultes*, « nous retenons approximativement lorsque nous faisons attention :

10 % de ce que nous lisons,

20 % de ce que nous entendons,

30 % de ce que nous voyons,

50 % de ce que nous voyons et entendons en même temps,

80 % de ce que nous disons,

90 % de ce que nous disons en faisant quelque chose à propos de quoi nous réfléchissons et qui nous implique ».

Plus l'adulte agit, plus il apprend. Je présenterai donc en détail les techniques pédagogiques favorisant l'action des stagiaires. Cela signifie également que l'adulte doit avoir à sa disposition, après la formation, les moyens et les modes d'emploi pour continuer seul son apprentissage.

Enfin, la manière dont le formateur présente les activités du stage doit favoriser le volontariat et l'engagement du formé ; celui-ci peut faire part de son expérience sur la question traitée. Il est tour à tour enseignant et apprenant.

## UN ADULTE APPREND SI LE FORMATEUR SAIT UTILISER LES EFFETS DE LA RÉUSSITE ET DE L'ÉCHEC

Le rôle du formateur est ici essentiel. Il explique aux formés les objectifs de la progression pédagogique, les étapes de l'apprentissage. Il précise les résultats attendus des exercices, favorise les succès sans démagogie et explique factuellement les échecs. L'analogie avec le sport est très utile : avant un championnat, on s'exerce longuement en salle à faire et refaire le même mouvement et il vaut mieux faire des erreurs pendant l'entraînement que pendant la compétition.

## UN ADULTE APPREND S'IL SE SENT INTÉGRÉ DANS UN GROUPE

Un adulte est plus facilement convaincu par ses pairs que par un formateur extérieur ou un hiérarchique. Plus la pédagogie utilisera la synergie du groupe (exercices en binôme ou en sous-groupes) et plus l'apprentissage sera efficace. La progression sera d'autant plus facile que les groupes de travail seront homogènes en niveaux de connaissance et d'expérience.

## UN ADULTE APPREND S'IL EST DANS UN CLIMAT DE PARTICIPATION

Il se sent utile et non utilisé, considéré et non jugé, capable et non complexé. Il peut avoir une relation personnelle pendant le stage avec l'animateur et les autres participants : il peut travailler de façon autonome mais aussi avec l'animateur seul et avec chacun des participants.

Ces sept conditions renvoient à des techniques pédagogiques, des savoir-faire de formateur. Nous y reviendrons dans l'exposé 3.

## 4 Un exercice d'équilibriste

Si on met en parallèle ces sept conditions et les quatre courants de la pédagogie, on observe immédiatement que les courants ne remplissent pas toutes les conditions : le courant traditionnel ne crée pas de climat de participation et ne permet pas au formé d'agir ; le courant comportementaliste néglige la dimension du groupe ; le courant humaniste n'intègre que peu la notion d'objectif et ne prend pas en compte la relation avec le quotidien ; le courant fonctionnaliste ne garantit pas la maîtrise des effets de la réussite et de l'échec.

En fait, pour qu'une formation atteigne ses objectifs dans le meilleur climat possible et s'adapte à des publics différents, elle doit intégrer des techniques pédagogiques issues des quatre courants : des exposés (traditionnel), des exercices de découverte-discussions en groupe (humaniste), des tests et exercices d'application sanctionnés (comportementaliste), des simulations complètes et des contrats d'objectifs (fonctionnaliste). Le formateur est ainsi un jardinier qui, en fonction du temps, de la durée de la croissance de la plante, de la nature de la terre, sait utiliser pour faire croître ses cultures, au moment où il le faut, l'outil adéquat. Ce talent – l'art du dosage – se concrétise par la progression pédagogique.

# Deuxième Exposé

# ÉLABORER LA PROGRESSION PÉDAGOGIQUE

La progression pédagogique est la juxtaposition d'activités dont la réalisation progressive permet l'atteinte des objectifs. Si l'on tient compte des sept conditions d'apprentissage d'un adulte, on admet qu'une formation ne peut être qu'une seule conférence ou une seule discussion de groupe. Un stage, qu'il dure deux heures, cinq jours ou six mois, se compose d'une alternance d'activités dont la somme doit remplir les sept conditions d'apprentissage. Ainsi, comme nous l'avons vu précédemment, l'objectif final est fractionné en sous-objectifs ou modules, chaque module étant lui-même scindé en différentes activités.

Exemple :

**Stage bureautique** : initiation à Word. Durée : trois jours. Population : cadres non initiés au traitement de texte ni à l'informatique.

MODULE 1 : Comment fonctionne un ordinateur.

*Objectif* : reconnaître et comprendre l'utilité des composants de base d'un ordinateur.

*Activités* :

- Exercice en binôme : trouver cinq composantes d'un ordinateur
- Exposé : les éléments constitutifs d'un ordinateur
- Test individuel : à partir d'un schéma, nommer les composants.

MODULE 2 : Word, objectif et définition.

*Objectif* : comprendre l'utilité et les limites de Word.

*Activités* : Exposé et démonstration.

MODULE 3 : Les fonctions du clavier.

*Objectif* : savoir utiliser les fonctions de base, connaître toutes les touches.

*Activités* : Pour chaque fonction, exposé puis tests d'application.

MODULE 4 : Saisie et impression de base.

*Objectif* : saisir et imprimer un texte simple.

*Activités* :

- Exposé et démonstration.
- Test individuel d'application.
- Correction en binôme.

On peut imaginer d'autres modules : faire un tableau, les schémas de base... La progression pédagogique c'est à la fois le découpage de l'objectif en modules et l'organisation chronologique des activités à l'intérieur de chaque module. Une fois cette progression conçue pour l'ensemble du stage, on vérifie qu'elle remplit bien les sept conditions d'apprentissage. Pour établir cette progression, il faut être au clair avec la notion d'objectif général et d'objectif par module.

## 1 Les objectifs pédagogiques

Je n'entrerai pas ici dans la problématique des finalités de la formation mais, de façon plus opérationnelle, dans la manière dont on peut rédiger et communiquer les objectifs d'une formation pour adulte.

Définir un objectif est essentiel en formation. Cela permet de « signer un contrat » avec le commanditaire du stage. Le chef de service qui envoie un collaborateur suivre un stage interentreprises, le directeur général qui décide d'une formation au management pour tous ses cadres, l'individu qui choisit un organisme pour l'accompagner dans son congé individuel de formation, tous souhaitent savoir, avant d'engager du temps et de l'argent dans cette action, quel en sera le résultat.

Cela permet également au concepteur du stage et à l'animateur de fabriquer le découpage en modules et en activités en intégrant la contrainte temps. Plus l'objectif est précis, plus il permet au formateur d'avoir une attitude réaliste par rapport à la durée du stage. Il est utopique d'apprendre la lecture rapide en une demi-journée. Par contre, on peut connaître les principes de la lecture rapide et commencer à s'entraîner à la gymnastique oculaire en quatre heures.

La définition d'objectifs permet, enfin, aux formés d'être rassurés, de limiter leur résistance au changement, de s'engager dans la formation sur des bases saines et connues. Il est plus facile de s'inscrire à un stage dont l'objectif est de reconnaître et comprendre les situations de conflit et de savoir y faire face sans agresser ni se sentir mal, qu'à un stage dont on connaîtrait uniquement le titre : « Maîtrise de soi ».

On distingue trois types d'objectifs :

— l'objectif cognitif, ou savoir, ou connaissances ;

— l'objectif psychomoteur, ou savoir-faire, ou compétences ;

— l'objectif affectif, ou savoir-être, ou comportement.

Ces objectifs se rédigent en termes de *être capable de,* suivis de l'infinitif d'un verbe lié à la pensée, à l'action ou au ressenti.

La norme en cours de réalisation depuis 1991 par l'AFNOR et des partenaires privés et publics du monde de la formation indique d'ailleurs que, dans une proposition d'action de formation (catalogue ou offre écrite), c'est un gage de qualité que de préciser les objectifs en termes de *être capable de* (voir norme AFNOR X 50-760).

Voici une liste de verbes pour chaque objectif :

| SAVOIR | SAVOIR-FAIRE | SAVOIR-ÊTRE |
|---|---|---|
| connaître | réparer | s'adapter |
| comprendre | contrôler | se sentir |
| définir | utiliser | dédramatiser |
| préciser | actionner | s'intégrer |
| retenir | faire | se motiver |
| nommer | changer | |
| reconnaître | saisir | |
| mémoriser | lire | |
| | rédiger | |

Un stage sera d'autant plus complet que ses objectifs finaux seront issus des trois registres.

Pour reprendre l'exemple du stage Word, on peut rédiger ainsi les objectifs :

À l'issue de ce stage, les participants seront capables de :

— connaître le fonctionnement général d'un ordinateur, l'utilité et les limites du logiciel Word (*savoir*) ;

— utiliser les fonctions de base du logiciel pour saisir, corriger et imprimer un texte, réaliser des mises en pages de notes, lettres, rapports, concevoir et sortir des tableaux statistiques et des graphes simples (*savoir-faire*) ;

— dédramatiser l'informatique et se sentir plus à l'aise dans l'utilisation du traitement de texte (*savoir-être*).

Si l'on réfléchit bien, toute formation, qu'elle soit théorique, technique ou comportementale, contient les trois registres d'objectifs. Il est donc intéressant pour le formateur, les formés et les commanditaires du stage que les objectifs soient rédigés en ces termes.

Les objectifs des modules pourront être issus de l'un ou l'autre des registres.

Dans le stage Word, les modules 1 et 2 sont cognitifs, les modules 3 et 4 sont psychomoteurs. On imagine aisément que le module 1 a également un objectif affectif : dédramatiser l'ordinateur et prouver aux stagiaires qu'ils ont déjà une culture de base en informatique (premier exercice en binôme).

Être capable de rédiger des objectifs finaux et par module, c'est le savoir-faire de base à acquérir pour pouvoir créer une progression pédagogique. On ne peut pas décider de mettre en place telle ou telle activité si l'on ne sait pas quel doit en être le résultat.

La notion de progression pédagogique se rapproche de celle des phases d'apprentissage. Un adulte apprend à certaines conditions, il apprend également en suivant chronologiquement quatre phases. Selon celle dans laquelle se trouve la majorité des participants, on optera pour une progression pédagogique ou une autre.

# 2 Les quatre phases de l'apprentissage

## LA PHASE D'INCOMPÉTENCE INCONSCIENTE

Je ne sais pas que je ne sais pas. Le nouveau-né ne sait pas qu'il ne sait pas boire au biberon. L'adulte ne sait pas qu'il ne sait pas faire quelque chose qu'il n'a jamais essayé de faire. C'est la phase préalable à tout début d'apprentissage.

## LA PHASE D'INCOMPÉTENCE CONSCIENTE

Je sais que je ne sais pas. Un enfant qui, en voulant imiter son aîné, tombe de bicyclette, sait qu'il ne sait pas pédaler. Un adulte sait qu'il ne sait pas faire quelque chose si, en essayant, il a échoué. C'est la phase à laquelle se prend la décision d'un apprentissage organisé : aller en stage, suivre des cours, lire des livres... Cette phase d'incompétence consciente peut également se situer en début de stage. On croyait qu'on savait faire et l'on se rend compte qu'on ne sait pas. C'est souvent une phase douloureuse, source de réactions de rejet ou de découragement.

Il est nécessaire de faire vivre cette phase aux stagiaires pour leur permettre de passer à l'étape suivante. Il vaut mieux ne pas multiplier les exercices qui prouvent que les participants ne savent pas faire. Un seul suffit pour chaque module.

## LA PHASE DE COMPÉTENCE CONSCIENTE

Je sais que je sais. Un adolescent, lors de son premier séjour linguistique à l'étranger, s'observe en train de parler. Conséquence : son discours n'est ni fluide, ni spontané. Un adulte est en compétence consciente lorsqu'il a conscience d'appliquer une technique nouvellement apprise, au moment même où il l'applique. C'est la phase qui prend la plus grande partie du stage : on s'entraîne. Exercice d'anglais, maniement d'un outil, utilisation d'un logiciel, test de connaissances, simulation vidéo de comportement, l'application n'est pas toujours aisée.

Là encore, le formateur est confronté de plein fouet à la difficulté de changer : « ça n'est pas naturel », « on se force », « c'est compliqué », « ça n'est pas à mon âge qu'on peut changer » sont quelques-unes des objections qu'on entend le plus fréquemment pendant cette phase. L'analogie avec le sport est utile. C'est la phase où le formateur va s'appuyer sur le groupe : mettre en place des exercices qui vont permettre aux participants de s'entraîner à deux ou à plusieurs, développer l'auto-évaluation, organiser du *coaching* à l'intérieur du groupe et jouer ainsi l'émulation et la synergie.

### LA PHASE DE COMPÉTENCE INCONSCIENTE

Je ne sais plus que je sais. Un adulte qui sait conduire a oublié tous les mécanismes psychomoteurs qu'il doit mettre en œuvre pour faire un créneau. Nous vivons tous avec beaucoup plus de comportements acquis que d'innés : parler, écrire, compter, se nourrir, marcher, nous ne sommes pas nés en sachant faire tout cela.

On arrive à la phase de compétence inconsciente grâce à l'entraînement et à l'autoformation. Les stages courts ne permettent pas d'aboutir à cette phase pendant la durée de la formation. Il est donc nécessaire dans ce cas de donner aux stagiaires les outils et les plans d'action leur permettant d'atteindre cette phase.

L'objectif de la progression pédagogique est d'amener chaque participant à la phase de compétence consciente sur la plus grande partie des modules, et sur les objectifs finaux du stage. Pour créer une progression pédagogique, il faut tenir compte de cette évolution par bonds : il est impossible d'amener les participants à la phase 3 sans qu'ils ne soient passés par la phase 2. Avant d'appliquer, il faut découvrir, faire le point sur ce que l'on sait et ce qu'on ignore.

## 3 La progression pédagogique

Pour respecter les quatre phases d'apprentissage, remplir les sept conditions d'apprentissage et atteindre les objectifs, je propose, pour chaque module, la progression suivante :

*a*) activité heuristique : la découverte ;
*b*) activité démonstrative : l'exposé ;
*c*) activité applicative : l'entraînement.

### L'ACTIVITÉ HEURISTIQUE

Il s'agit là de tout type de technique pédagogique dont l'objectif est de faire découvrir le savoir aux apprenants. Réflexions sur leurs habitudes, sur le thème du module, l'activité heuristique peut prendre des formes diverses :

– travaux en sous-groupes (trouver les dix points clés pour réussir un exposé) ;

– test individuel ou questionnaire à choix multiples (cocher la formulation correcte en anglais) ;

– réflexions en binôme (choisir deux avantages et deux inconvénients de l'assurance qualité) ;

– tour de table (donner trois applications du traitement de texte).

À la fin de cette activité le formateur fait la synthèse des informations émises par le groupe, en reprenant les termes exacts, et les rapproche des informations que lui-même va transmettre lors de l'activité démonstrative.

Cette activité peut apparaître comme une perte de temps mais elle est en parfaite adéquation avec les conditions d'apprentissage d'un adulte. En effet, elle permet :

> — de relier directement l'expérience et le savoir du groupe avec les techniques présentées pendant le stage et d'ancrer ainsi la formation dans le quotidien des stagiaires ;
>
> — de faire agir et s'engager les participants : agir car ils doivent réaliser quelque chose de concret (liste, schéma...), s'engager car ils doivent témoigner de leurs expériences et de leurs connaissances propres ;
>
> — de jouer la synergie du groupe en faisant s'additionner les expériences individuelles ;
>
> — de conduire les stagiaires vers l'autonomie en leur prouvant que la connaissance est en eux ;
>
> — de changer leur conception du formateur : non plus maître expert mais facilitateur ;
>
> — de les faire s'impliquer individuellement dans la suite du stage : il est plus facile d'appliquer un savoir-faire ou d'adhérer à une idée lorsqu'on a l'impression qu'elle sort de soi que lorsqu'elle est imposée par un formateur extérieur ;
>
> — de les sortir d'un rôle de formé qu'ils peuvent juger parfois complexant pour leur donner un rôle de transmetteur de savoir.

Cette activité ne vaut que si elle est suivie d'une activité démonstrative. Utilisée seule, elle laisse aux stagiaires la désagréable impression qu'on leur fait exprimer leurs idées pour rien, par simple démagogie ou esprit de participation gratuit. Il est nécessaire, en lançant cette activité, d'expliquer aux participants quel en est l'objectif et ce qui sera fait des informations fournies par le groupe.

L'activité heuristique est une véritable démarche maïeutique, d'accouchement du groupe. Elle permet de sortir la science du puits. Cette activité est plutôt issue des courants humaniste et fonctionnaliste. Elle permet aux stagiaires d'accéder à la phase d'incompétence consciente.

## L'ACTIVITÉ DÉMONSTRATIVE

Toutes les techniques pédagogiques démonstratives ou expositives sont issues de la méthode démonstrative :

— exposé du formateur ou d'un expert (la définition de l'assurance qualité) ;

— film (exemple vidéo de bons ou de mauvais orateurs) ;

— démonstration sur machine (utilisation de fonctions du traitement de texte par le formateur et projection sur écran) ;

— visite d'un site avec guide.

Cette activité sera d'autant plus efficace qu'elle suit une activité heuristique. Il est également nécessaire qu'au début de l'exposé ou de la démonstration l'orateur fasse le lien entre les informations issues de l'activité heuristique et les messages qu'il souhaite transmettre. À lui également d'accepter sur le vif de réduire ou de transformer son discours pour en montrer la logique avec les données fournies par le groupe.

Cette activité, relevant du courant traditionnel, est la plus fréquemment utilisée par les formateurs. Menée en liaison avec les travaux préalables du groupe, elle permet aux participants :

— de comprendre la logique de la formation et des messages transmis ;

— d'intégrer les informations plus facilement car ils auront été préparés par l'activité heuristique.

Mais cette activité seule ne leur permet pas d'atteindre les objectifs du module : on n'apprend pas en écoutant. C'est la progression pédagogique complète — les trois étapes — qui conduit aux objectifs.

## L'ACTIVITÉ APPLICATIVE

Elle regroupe toutes les techniques issues des méthodes actives : exercices d'application, tests, utilisation d'outils et de machines, simulations vidéo. Il s'agit d'appliquer la ou les techniques, d'utiliser les connaissances présentées lors de l'activité démonstrative. Nous verrons dans l'exposé 3 le détail de ces techniques. Elles permettent aux stagiaires :

— d'agir ;

— d'être confrontés à la réussite et à l'échec. À ce propos, il faut noter l'importance des lancements et des synthèses de ces exercices par le formateur. Pour permettre l'apprentissage, un exercice doit être lancé en en précisant l'objectif, la durée, les régles du jeu et le résultat prévisible. Lors de la synthèse, l'accent doit être mis d'abord sur l'auto-évaluation, puis sur l'évaluation du groupe ou d'un partenaire et, à la fin seulement, sur l'appréciation du formateur ;

— de s'impliquer personnellement et individuellement, c'est-à-dire de ne plus avoir une conception intellectuelle de la technique enseignée mais de la vivre, de la faire sienne, de la sentir.

L'activité applicative tire sa source des courants comportementaliste et humaniste ; elle permet aux stagiaires d'accéder à la phase de compétence consciente.

La progression pédagogique peut être utilisée pour chaque module. Si l'on a deux heures pour faire comprendre les principes de la lecture active et s'entraîner à la gymnastique oculaire, on peut adopter la progression suivante :

| Activité | Technique utilisée | Thème | Durée |
|---|---|---|---|
| Heuristique | Binômes | « Que connaissez-vous de la lecture rapide ? » | 10 mn |
| Démonstrative | Exposé | Les principes de la lecture rapide | 15 mn |
| Applicative | Tour de table | « Quels principes retenez-vous ? » | 10 mn |
| Heuristique | Test | Lecture d'une nouvelle et test de sa vitesse | 15 mn |
| Démonstrative | Exposé | La gymnastique oculaire : balayages horizontal, diagonal et vertical. | 20 mn |
| Applicative | Exercice d'application | Les balayages | 30 mn |
| Applicative | Test | Lecture d'une nouvelle et test de vitesse. | 15 mn |
| Démonstrative | Exposé | Conclusion | 5 mn |

Il est important de vérifier que chaque technique ou savoir présenté sera précédé d'un exercice de découverte et suivi d'un ou plusieurs exercices d'application. Comme nous l'avons expliqué précédemment, il est inutile de faire plusieurs exercices de découverte à la suite – cela risque de lasser et de frustrer les participants, d'insister maladroitement sur leur incompétence consciente. Par contre, les exercices d'application peuvent se succéder s'ils sont de difficulté croissante et concernent tous la même technique. On prendra soin de commencer par les exercices les plus faciles afin de jouer sur l'effet euphorisant de la réussite.

Cette progression pédagogique en trois étapes tient compte des sept conditions d'apprentissage, des quatre phases d'apprentissage et du découpage par objectifs. Savoir, savoir-faire et savoir-être s'acquièrent par la même progression. Seules les techniques utilisées diffèrent, comme nous le verrons plus loin.

Cette progression permet le découpage temporel, ou fil rouge. Elle se module en fonction de la durée du stage et des biorythmes des participants et du formateur.

# 4 L'organisation du temps

Après avoir intégré la notion de progression pédagogique, le formateur-pédagogue s'interroge sur l'organisation de cette progression dans le temps.

Quelle que soit la durée du stage et que cette durée soit choisie par le formateur ou lui soit imposée, la progression doit se soumettre à certaines obligations dues aux rythmes des participants.

## LE RYTHME QUOTIDIEN

De nombreuses études ont été réalisées sur le niveau de productivité et d'attention des individus au fur et à mesure de la journée. Si l'on suit une journée de travail normal (9h00 - 18h00) se passant sur le même lieu, on observe les phénomènes suivants :

— la matinée est plus propice au travail intellectuel que l'après-midi. On préférera donc les exercices d'application (jeux de rôle, tests, manipulations...) l'après-midi et on pourra placer les activités démonstratives le matin ;

— les périodes d'hypoglycémie (11h30 - 12h30 et 17h00 - 18h00 environ) développent une fatigue et une irritabilité chez les participants. On évitera donc de les mettre en position d'incompétence consciente par des exercices de découverte les remettant trop en question. On choisira de faire jouer l'effet de groupe et d'organiser des activités en binôme ou en sous-groupes, en application ou en découverte non traumatisante ;

— la période de digestion forte (14h00 - 15h30 environ) favorise la passivité, l'endormissement et la désimplication des stagiaires. Toute activité démonstrative (exposé, film) faite en début d'après-midi est donc vouée à l'échec. Il vaut mieux utiliser cette période pour des exercices d'application de la technique présentée le matin ou pour des exercices de découverte préparant la démonstration éventuelle de l'après-midi ;

— un stage ne peut durer plus de sept heures par jour (hors repas et pause). La situation d'apprentissage requiert un fort niveau de concentration qui ne peut être soutenu très longtemps. La progression pédagogique en trois temps oblige les participants à s'impliquer fortement, ce qui ne permet pas des journées très longues. Certains stages ont lieu en résidentiel et la journée est fractionnée en activités pédagogiques et activités de détente. Cela rend le stage plus ludique et plus convivial mais il est parfois difficile de reprendre le fil après un après-midi de ski ou de marche ! Ce style d'organisation nécessite une pédagogie très centrée sur l'application et l'entraînement pour que les séances en salles ne se transforment pas (pour les stagiaires) en sommeil récupérateur après l'effort sportif pendant que le formateur parle dans le vide.

## LA DURÉE D'ACTIVITÉ, LA DURÉE DE DÉCOMPRESSION

Un adulte peut accomplir la même tâche à un niveau optimum de productivité pendant quarante-cinq minutes maximum. Au-delà, son efficacité et sa motivation décroissent régulièrement et se réactivent à l'apparition d'une tâche différente.

Cette règle s'applique particulièrement en situation d'apprentissage. En activité démonstrative, cette durée se réduit à vingt minutes : face à un orateur et sans participer un adulte peut maintenir son attention vingt minutes maximum, même si elle est stimulée par des aides audiovisuelles (rétroprojection, diaporama ou autre). Quand un adulte écoute, il retient, en étant concentré, 20 à 30 % des informations diffusées. Au-delà de vingt minutes, ce pourcentage chute à 5 %.

Toute activité heuristique ou applicative ne peut donc dépasser quarante-cinq minutes, toute activité démonstrative vingt minutes. À partir de cette loi, on peut commencer à voir se dessiner le découpage pédagogique d'une journée :

— exercice de découverte : 25 mn
— synthèse : 10 mn
— exposé : 15 mn
— exercice d'application : 30 mn
— synthèse : 10 mn

Nous reviendrons sur l'utilité de ces synthèses dans l'exposé 3. Ajoutons à cela qu'il est nécessaire de faire une pause de quinze minutes environ toutes les quatre-vingt-dix minutes pour permettre aux participants de bouger, de se lever, de prendre une collation, aller aux toilettes, relâcher la tension. Les pauses ont également une dimension pédagogique : elles favorisent les échanges informels dans le groupe, permettent de mieux se connaître, de répondre à des questions ou des objections que les stagiaires n'osent pas toujours émettre en grand groupe, de préciser, d'illustrer ou de dédramatiser des événements survenus pendant le stage.

Il est indispensable que les participants se déplacent pendant les pauses. La perception de l'espace, de l'autre ou de la matière enseignée évolue selon l'endroit où l'on se place.

Un stage qui commence à 9h et se termine à 17h30 pourra donc se structurer ainsi :

— 9h00 à 10h30, stage
— 10h30 à 10h45, pause
— 10h45 à 12h15, stage
— 12h15 à 13h45, repas
— 13h45 à 15h45, stage
— 15h45 à 16h00, pause
— 16h00 à 17h30, stage

Une pause de déjeuner de une heure trente permet à la fois de prendre le repas tranquillement et de se détendre. Je conseille toujours aux formateurs de prendre au moins le premier et le dernier repas avec les stagiaires. Partager le repas permet de recueillir des informations qui s'avèrent souvent très utiles dans la suite du stage pour choisir des exemples pris dans la vie quotidienne de l'un ou de l'autre ou pour gérer le relationnel du groupe (voir exposé 5).

Par contre, si un stage dure plusieurs jours, il est intéressant de laisser le groupe seul pendant un ou deux repas : son degré d'autonomie vis-à-vis du formateur croît alors beaucoup plus rapidement et le formateur peut profiter de sa solitude pour se relaxer.

Il vaut mieux éviter de laisser le groupe se disperser pendant la pause de midi. Nous avons vu précédemment que la synergie du groupe est l'une des conditions d'apprentissage de l'adulte. Or laisser cette synergie se défaire pendant une heure trente provoque une grande déperdition d'énergie et oblige le groupe et le formateur à se reconcentrer en début d'après-midi, période, nous l'avons vu, peu propice à l'effort.

Le cas des stages résidentiels pose souvent des problèmes aux formateurs : que faire avant dîner ? Faut-il passer la soirée avec les stagiaires ? Comment éviter de continuer à être formateur pendant les périodes de détente ? À toutes ces questions, chaque formateur apporte sa réponse. Je n'aurai qu'un seul conseil : avoir à l'esprit que nous formons des adultes qu'il faut rendre autonomes et avoir le souci de notre santé et de notre équilibre psychologique. Il n'est pas nécessaire de se transformer en gentil organisateur animant des jeux de société, billard et autres activités qui sentent la colonie de vacances, ou de s'enfermer dès 17h30 dans sa chambre et d'y retourner dès la dernière cuillerée avalée. Chacun trouve sa voie. Je suggère seulement que le formateur ne soit pas systématiquement à l'initiative de toutes les activités de détente mais laisse le temps aux leaders d'émerger et de prendre la « direction des opérations ».

Le découpage temporel doit donc tenir compte de ces lois de l'attention et de la décompression. Le rôle du pédagogue est d'utiliser les quatre périodes quotidiennes de quatre-vingt-dix minutes pour appliquer la progression pédagogique. Je vous propose maintenant un « fil rouge » type d'une première journée, d'une dernière journée et d'une journée intermédiaire d'un stage. Ce fil rouge concerne un stage court en journée complète ; il peut s'adapter tout à fait à des stages longs ou des actions de formation très ponctuelles. L'unité de base est une période de quatre-vingt-dix minutes.

## 5 Le fil rouge du formateur

Tout ce que nous avons vu précédemment dans les exposés 1 et 2 a pour finalité la création du fil rouge. Pour concevoir un fil rouge il faut en effet intégrer les quatre courants de la pédagogie, satisfaire aux conditions d'apprentissage des adultes, savoir définir des objectifs, respecter les quatre phases de l'apprentissage, choisir la progression pédagogique en trois temps et tenir compte des lois du découpage temporel.

Voici trois exemples de fil rouge.

### LA PREMIERE JOURNÉE

La première matinée est fondamentale pour le reste du stage. Elle doit, en quatre heures, respecter les sept conditions d'apprentissage. Pour cela, elle doit comprendre les activités suivantes : recueillir les attentes des participants, les faire se présenter en créant un dynamisme dans le groupe, annoncer les objectifs du stage et faire en sorte qu'ils soient en accord avec les attentes des stagiaires, faire découvrir ou présenter le programme, parler de la pédagogie, de l'organisation et des horaires, présenter le formateur, entamer la progression pédagogique. Le tout en utilisant un vocabulaire compatible avec le niveau d'expertise des participants, en montrant le lien de la formation avec leur quotidien, en prenant en compte les individualités.

Pour cela, j'utilise plusieurs techniques pédagogiques. Leur mode d'emploi est détaillé dans l'exposé 3.

J'ai choisi une présentation en colonne pour montrer la relation entre tous les concepts présentés précédemment.

MATINÉE DU PREMIER JOUR DU STAGE

| HORAIRE | THÈME DU MODULE | OBJECTIF PÉDAGOGIQUE POUR LES STAGIAIRES | TECHNIQUE PÉDAGOGIQUE | PHASE DE LA PROGRESSION type d'activité | CONDITION RESPECTÉE | PHASE D'APPRENTISSAGE |
|---|---|---|---|---|---|---|
| 9h00/ 9h15 **(1)** | Topo de lancement du stage : convenances, info. pratique, thème du stage, pédagogie (voir tome 1) | - connaître le fonctionnement du stage (Savoir) | exposé | démonstrative | - comprendre | Incompétence inconsciente |
| 9h15/ 9h30 **(2)** | Les attentes des participants | - s'exprimer,<br>- se placer dans le groupe<br>- connaître les attentes des autres (Savoir) | tour de table ou binôme | heuristique | - s'engager<br>- jouer le groupe | Incompétence consciente |
| 9h30/ 10h00 **(3)** | Synthèse des attentes par le formateur. Exposé des objectifs du stage | - connaître les objectifs du stage<br>- se situer par rapport à eux (Savoir) | exposé | démonstrative | - percevoir les objectifs | Incompétence consciente |
| 10h00/ 10h30 **(4)** | Les connaissances préalables des participants sur le thème | - faire le point sur ce qu'on sait<br>- connaître ce que savent les autres (Savoir + Savoir-être) | exercice des représentations ou sous-groupe | heuristique | - s'engager<br>- jouer le groupe<br>- montrer la relation avec le quotidien | Incompétence consciente |

| HORAIRE | THÈME DU MODULE | OBJECTIF PÉDAGOGIQUE POUR LES STAGIAIRES | TECHNIQUE PÉDAGOGIQUE | PHASE DE LA PROGRESSION type d'activité | CONDITION RESPECTÉE | PHASE D'APPRENTISSAGE |
|---|---|---|---|---|---|---|
| 10h30/ 10h45 **(5)** | Synthèse des connaissances par les rapporteurs | - se faire le porte-parole du groupe<br>- développer l'esprit de synthèse (Savoir + Savoir-être) | exposés des rapporteurs | démonstrative par les participants | - s'impliquer personnellement<br>- jouer le groupe | Incompétence consciente |
| 10h45/ 11h00 **(6)** | Pause | | | | | |
| 11h00/ 11h15 **(7)** | Synthèse des synthèses par le formateur. Exposé du programme du stage si possible en schéma et en relation avec les résultats des groupes | - connaître le programme et la progression pédagogique<br>- faire le lien avec les objectifs (Savoir) | exposé | démonstrative | - comprendre<br>- montrer la relation avec le quotidien | Incompétence consciente |
| 11h15/ 11h45 **(8)** | Premier module du programme, découverte | - faire le point sur ce qu'on sait (Savoir + Savoir-être) | exercice de découverte | heuristique | - s'impliquer<br>- jouer le groupe<br>- relation avec le quotidien | Incompétence consciente |
| 11h45/ 12h15 **(9)** | Premier module du programme, exposé de la technique | - relier son expérience avec une technique (Savoir) | exposé | démonstrative | - comprendre | Incompétence consciente |

## *Commentaires du tableau*

Les activités 1 à 7 peuvent être les mêmes quel que soit le thème du stage et le niveau des participants. Il faut noter toutefois que les activités heuristiques requièrent chez les participants une certaine capacité à s'exprimer et à faire le point sur leurs expériences. Ce n'est qu'à partir de l'activité n° 8 qu'on rentre réellement dans le programme du stage. Ce peut être un test, une manipulation d'objet, une saisie informatique ou autre.

Les activités 2 et 4 sont essentielles : elles prouvent aux stagiaires que l'on prend en compte leurs attentes pour fixer les objectifs du stage et les expériences pour créer le programme ; elles leur permettent de s'exprimer, d'affirmer leurs différences les uns par rapport aux autres, de prendre leurs rôles (voir exposé 5) et de s'impliquer. Il va de soi que les objectifs et le programme auront été définis avant le début du stage et que les recueils des attentes et des expériences servent en quelque sorte de caution au formateur. Il arrive parfois de mauvaises surprises : les participants peuvent exprimer des attentes qui n'ont rien à voir avec les objectifs du stage. C'est souvent le résultat d'un stage conçu pour « faire plaisir à la hiérarchie », sans tenir compte de la population concernée. Nous verrons dans l'exposé 4 comment rédiger un cahier des charges qui évite ce genre de désagrément. Néanmoins, si cela arrive, le formateur doit expliquer pourquoi il y a une différence entre attentes et objectifs et tenter d'intégrer, avec nuance, certaines attentes dans le programme. Devant un public d'un bon niveau de conceptualisation, le formateur peut synthétiser les attentes (activité n° 3) et présenter les objectifs en trois parties : connaissances, compétences et comportements. Il est important de noter cette synthèse sur une feuille de tableau de papier et de la laisser affichée tout au long du stage, bien en vue de tous.

L'activité n° 4, recueil de connaissances, peut se lancer par des questions du type : *Que connaissez-vous de l'informatique ? De quelles règles de grammaire anglaise vous souvenez-vous ? Trouver les points clés pour réussir une vente. Quelles sont les composantes d'un photocopieur ?* Ou par l'exercice des représentations (voir exposé 3). Cet exercice est particulièrement efficace s'il se fait en sous-groupes de 3 ou 4 personnes : c'est plus facile d'assumer son incompétence ou de produire des idées en petit groupe.

Les travaux des groupes seront présentés par un rapporteur. La synthèse du formateur est, là aussi, fondamentale car elle fait le lien direct entre les connaissances des stagiaires et le programme du stage. Le lien peut toujours se faire, même pour un stage très technique, car les adultes ont toujours une culture ou une expérience qu'ils peuvent rapprocher du contenu de la formation. Je conseille de présenter cette synthèse/programme du stage sous forme de schéma, facilement mémorisable et auquel on pourra se référer lors des synthèses de début et de fin de journée.

Voici quelques exemples de schémas résumant des programmes de stage :

STAGE DE LECTURE RAPIDE

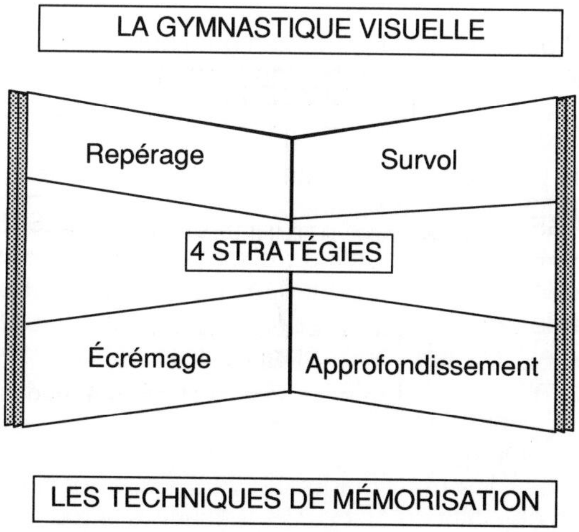


= 3 modules

STAGE DE CONDUITE DE RÉUNION

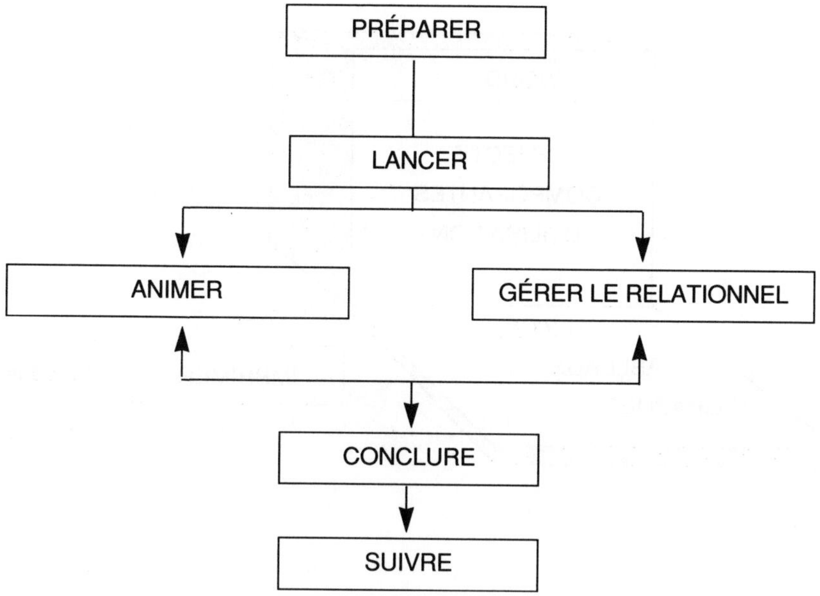


= 6 modules

STAGE DE TECHNIQUES D'EXPOSÉ ET DE PRÉSENTATION

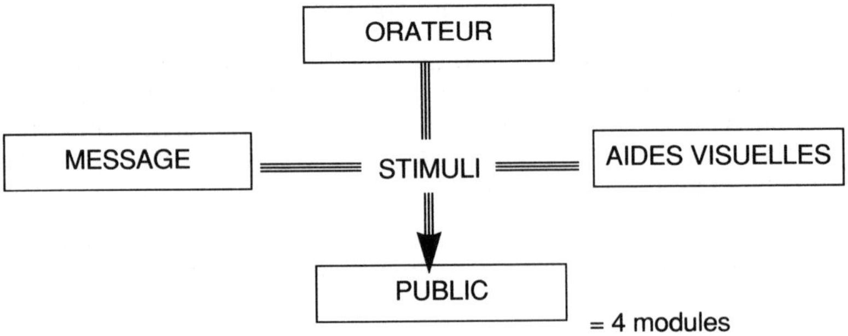


= 4 modules

STAGE D'INITIATION AU TRAITEMENT DE TEXTE

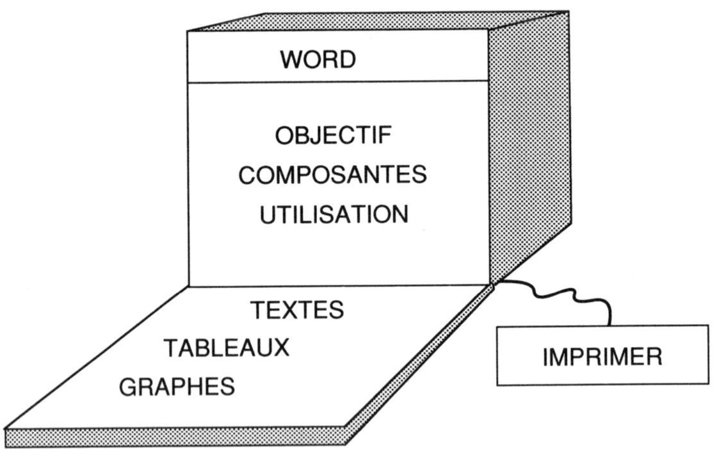


= 7 modules

Chaque module doit apparaître visiblement en mots clés sur le schéma.

Cette première matinée est composée d'une alternance entre activités heuristiques et démonstratives. L'application commencera l'après-midi. Les objectifs pédagogiques poursuivis sont plutôt de l'ordre du savoir mais les exercices de découverte favorisent l'acquisition du savoir-être : être plus à l'aise, dédramatiser la matière enseignée en se prouvant que l'on sait.

D'après le tableau nous voyons que six des sept conditions d'apprentissage sont respectées : l'effet de la réussite et de l'échec sera utilisé lors des exercices d'application. Enfin, cette matinée maintient les participants en phase d'incompétence consciente, en attendant que les exercices d'application les placent en compétence consciente.

Un exemple de découpage de l'après-midi est donné dans le tableau ci-après (les durées sont très indicatives car elles dépendent des types d'exercices effectués).

Le découpage est ici plus théorique. En effet, selon la difficulté des modules, on fera un, deux ou trois exercices d'application par module. Ces exercices dureront quarante-cinq minutes d'affilée maximum chacun.

Voici ce qu'il faut retenir du fil rouge de cet après-midi :

— la première activité de l'après-midi est applicative (phase de digestion) ;

— quel que soit le nombre de modules ou la quantité d'exercices d'application, les lois du découpage temporel et la progression en trois temps sont respectées ;

— la dernière activité est applicative afin de ne pas laisser les stagiaires « sur leur faim »;

— la journée se conclut par une synthèse du formateur qui, à l'aide du schéma-programme et des objectifs affichés, rappelle le déroulement de la journée et les objectifs atteints.

## LA JOURNÉE INTERMÉDIAIRE

Le fil rouge est alors identique à celui du premier après-midi : progression de module en module en alternant découverte, exposé et application. À noter toutefois ce qui fait la spécificité des journées intermédiaires : l'exercice de réactivation mémoire effectué en début de matinée.

Cet exercice peut prendre des formes différentes, voir exposé 3. L'objectif est triple pour les stagiaires :

— leur faire mémoriser ce qui a été fait et vu la veille ;

— leur faire assimiler l'intégralité du stage dans une démarche synthétique ;

— leur faire s'approprier et restituer la matière enseignée en développant leur créativité.

La journée se conclut également par la synthèse du formateur. Plus les journées avancent, plus on peut passer de temps sur l'application et moins sur la découverte car les stagiaires voient leur motivation grandir par l'effet de la réussite.

## APRÈS-MIDI DU PREMIER JOUR DU STAGE

| HORAIRE | THÈME DU MODULE | OBJECTIF PÉDAGOGIQUE POUR LES STAGIAIRES | TECHNIQUE PÉDAGOGIQUE | PHASE DE LA PROGRESSION type d'activité | CONDITION RESPECTÉE | PHASE D'APPRENTISSAGE |
|---|---|---|---|---|---|---|
| 13h45/ 14h15 **(10)** | Premier module : exercice d'application, difficulté faible | - appliquer la technique<br>- intégrer la technique<br>(Savoir faire + Savoir-être) | Exercice d'application | applicative | - jouer l'effet de la réussite et de l'échec<br>- agir<br>- s'impliquer | Incompétence ou compétence consciente selon les participants |
| 14h15/ 14h30 **(11)** | Synthèse-debriefing par les participants puis le formateur | - dédramatiser l'application<br>- mesurer les résultats<br>(Savoir-être) | Discussion | démonstrative | idem | idem |
| 14h30/ 15h00 **(12)** | Premier module : exercice d'application, difficulté plus forte | idem **(10)** | idem **(10)** | idem **(10)** | idem **(10)** | Compétence consciente |
| 15h00/ 15h15 **(13)** | Synthèse-debriefing par les participants puis le formateur | idem **(11)** | idem **(11)** | idem **(11)** | Idem **(11)** | idem |
| 15h15/ 15h30 **(14)** | Pause | | | | | |
| 15h30/ 16h00 **(15)** | Second module : exercice de découverte | idem **(8)** | idem **(8)** | idem **(8)** | idem **(8)** | Incompétence consciente |
| 16h00/ 16h30 **(16)** | Second module : exposé de la technique | idem **(9)** | idem **(9)** | idem **(9)** | idem **(9)** | idem |
| 16h30/ 17h00 **(17)** | Second module : exercice d'application difficulté faible | idem **(10)** | idem **(10)** | idem **(10)** | idem **(10)** | Incompétence ou compétence consciente selon les participants |
| 17h00/ 17h15 **(18)** | Synthèse debriefing par les participants puis le formateur | idem **(11)** | idem **(11)** | idem **(11)** | idem **(11)** | idem |
| 17h15/ 17h30 **(19)** | Synthèse de la journée | - remise en mémoire du déroulement de la journée | Exposé | démonstrative | idem **(7)** | Compétence consciente |

Les exercices d'application doivent, certes, être de difficulté croissante mais également intégrer les techniques des modules précédents. C'est ce que j'appelle la pédagogie en escalier : la technique acquise au module 1 est utilisée dans les exercices d'application du module 2 et ainsi de suite. Par exemple, dans un stage de techniques d'exposé, le module 1 est consacré aux techniques de préparation. L'exercice d'application consiste à préparer un exposé réel en utilisant ces techniques. Puis chaque participant fait un exposé enregistré en vidéo. Lors du debriefing, le formateur axe ses commentaires sur l'aspect forme des orateurs (voix, regard, gestuelle) et présente des techniques à ce propos. Pendant le second exercice d'application, les participants utilisent non seulement les techniques de forme du module 2 mais réappliquent aussi les techniques de préparation du module 1.

Cet « escalier » permet l'accession de certains participants à la phase de compétence inconsciente sur certains modules. Il est donc intéressant de choisir comme premier module celui qui doit être appliqué par tous et intégré par certains. Il faut d'abord savoir saisir en traitement de texte un texte simple, avant de faire de la mise en page, et savoir mettre en page avant de faire un tableau, et savoir faire un tableau avant de faire un graphe.

## APRÈS-MIDI DU DERNIER JOUR DU STAGE

| HORAIRE | THÈME DU MODULE | OBJECTIF PÉDAGOGIQUE POUR LES STAGIAIRES | TECHNIQUE PÉDAGOGIQUE | PHASE DE LA PROGRESSION type d'activité | CONDITION RESPECTÉE | PHASE D'APPRENTISSAGE |
|---|---|---|---|---|---|---|
| 13h45/<br>14h15<br>**(1)** | Dernier module :<br>le plan d'auto-formation<br>exercice de découverte | - projeter le stage dans l'avenir<br>- décider de s'engager<br>(Savoir-être) | Exercice<br>de découverte | heuristique | - agir et s'engager<br>- relier avec<br>le quotidien | Compétence consciente et inconsciente pour certains |
| 14h15/<br>14h45<br>**(2)** | Dernier module :<br>le plan d'auto-formation<br>présentation d'un canevas et d'un calendrier d'action | - relier son expérience avec une technique<br>(Savoir) | Exposé | démonstrative | - comprendre<br>- relier avec<br>le quotidien | idem |
| 14h45/<br>15h30<br>**(3)** | Dernier module :<br>le plan d'auto-formation,<br>exercice<br>d'application | - appliquer et intégrer le plan,<br>se motiver pour l'appliquer<br>(Savoir-faire + savoir-être) | Exercice<br>d'application | applicative | -agir et s'impliquer<br>- relier avec<br>le quotidien | idem |
| 15h15/<br>15h30<br>**(4)** | Pause | | | | | |
| 15h30/<br>16h00<br>**(5)** | Exercice de synthèse sur tout le stage | - mémoriser<br>- Intégrer<br>- restituer | Exercice<br>de découverte | heuristique | - relier avec<br>le quotidien<br>- s'impliquer<br>- agir | idem |
| 16h00/<br>16h30<br>**(6)** | Exposé de synthèse<br>rappel des attentes, du programme, des activités réalisées, des objectifs atteints | - mémoriser<br>- intégrer<br>- synthétiser<br>- vérifier | Exposé | démonstrative | - comprendre<br>- relier avec<br>le quotidien | idem |
| 16h30/<br>17h30<br>**(7)** | Évaluation et<br>au revoir | - vérifier l'adéquation entre le stage et les attentes<br>- permettre au formateur d'évaluer<br>- se dire au revoir | Question-naires écrits<br>Tour de table<br>Débat | applicative et heuristique | toutes | idem |

## LA DERNIÈRE JOURNÉE

La matinée est la même que celle d'une journée intermédiaire. L'après-midi comporte par contre des activités spécifiques.

### *Commentaires du tableau*

Le dernier exercice d'application du dernier module doit être terminé avant la pause de l'après-midi. Je suggère que le dernier module soit consacré aux plans d'action individuels d'autoformation après le stage. Nous avons vu en effet que la phase de compétence inconsciente s'acquière le plus souvent après la formation. Ce n'est donc pas perdre du temps que de consacrer quatre-vingt-dix minutes à cette rédaction. C'est une garantie pour que le stage ne soit pas oublié dans les deux mois qui suivent.

La seconde partie de l'après-midi sera consacrée à la synthèse et à l'évaluation. Il est intéressant de procéder comme suit :

— exercice de synthèse soit individuel, soit de groupe, (résumer ce qu'on a retenu, les trois points clés qu'on veut appliquer en priorité, ou autre) ;

— exposé de synthèse finale du formateur à l'aide des documents affichés la matinée du premier jour (rappel des attentes, des objectifs, du programme suivi, des points clés à retenir pour chaque module, des exercices effectués, bilan sur les objectifs atteints) ;

— évaluation à chaud (voir exposé 3 : questionnaires suivis soit d'un tour de table individuel, soit en binôme) ;

— conclusion et au revoir.

La conception du fil rouge est donc l'aboutissement d'une démarche pédagogique qui intègre :

— les objectifs pédagogiques. Cette organisation est faite pour obtenir un résultat ;

— les quatre phases de l'apprentissage. Cette organisation les respecte et doit mettre les stagiaires sur le chemin de la compétence inconsciente ;

— la progression pédagogique. Cette organisation suit le rythme ternaire qui garantit le remplissage des conditions d'apprentissage des adultes ;

— le découpage temporel. Cette organisation satisfait aux exigences des biorythmes des participants et du formateur.

# 6 Suivre et interpréter la partition

Les exemples de fil rouge que je vous ai présentés peuvent paraître odieusement rigides et trop précis. Il va de soi que ce sont seulement des modèles. Un pédagogue parvenu à l'état de compétence inconsciente dans l'exercice de son art n'a plus besoin de ce type de canevas et sent, intuitivement comment il peut découper sa journée pour atteindre les objectifs pédagogiques. Mais il faut passer par ce style de modèle – le formateur, lui aussi, doit se soumettre à la souffrance de la compétence consciente ! – pour pouvoir s'en débarrasser.

J'ajoute qu'un bon pédagogue sait, le cas échéant, changer de fil rouge en cours de stage. Trop de formateurs se réfugient derrière le sacro-saint programme et veulent, coûte que coûte, passer en revue tous les modules, même si l'intégration des stagiaires ne suit pas.

Il vaut mieux que les objectifs des premiers modules soient atteints par tous et que les participants soient tous en état de compétence consciente plutôt que d'aborder tous les modules et de n'atteindre aucun objectif. Parfois il faut accepter de multiplier les exercices d'application sur un module, de passer du temps sur l'exercice de découverte d'un autre, de laisser s'exprimer toutes les idées, toutes les opinions et d'abandonner une partie du programme.

En fin de stage, on fait les comptes : on regarde les attentes exprimées au début et les objectifs atteints à la fin. L'important c'est qu'il y ait peu de différence entre les deux, même si le programme n'a pas été couvert. Le baromètre qui indique la réussite d'un stage, ce n'est pas avoir ou non « bouclé » le programme, c'est avoir amené tous les participants au moins en phase de compétence consciente et leur avoir permis de créer des plans d'autoformation qu'ils s'engagent à suivre et sur lesquels ils sont motivés.

Tout ce que nous venons de voir est fait pour pousser ce baromètre au beau fixe. Mais ce que vivent les stagiaires, ce qui est l'incarnation de toute cette démarche, ce sont les techniques pédagogiques.

# Troisième Exposé

# CHOISIR LES TECHNIQUES ET LES OUTILS APPROPRIÉS

Les activités dont la juxtaposition crée la progression pédagogique peuvent se dérouler selon des techniques différentes. Dans les exemples de fil rouge présentés précédemment, la colonne « Techniques pédagogiques » ne comportait que trois termes : « exercices de découverte », « exposé » et « exercices d'application ». Or, que sont ces exercices ? Quels types d'exercices existe-t-il ? À quoi servent-ils ? Pourquoi l'un plutôt que l'autre ? Comment les lancer, les gérer, les conclure ? C'est l'objet de cet exposé.

Nous nous concentrons ici sur les techniques pédagogiques des activités heuristiques et applicatives. Dans le premier tome, *Les outils de base du formateur : parole et supports*, les techniques pédagogiques démonstratives sont largement traitées : exposés explicatifs ou persuasifs, aides visuelles, lancement de stage... Elles ne seront donc pas présentées ici.

Qui dit technique pédagogique dit également outil. Nous aborderons donc les principaux outils pédagogiques, les outils papier, les outils d'enregistrement et les objets à manier ainsi que la disposition des salles.

Les outils du formateur-orateur : (tableaux, rétroprojection, diaporama, vidéo-show, documents de démonstration), ont été présentés dans le premier tome.

J'ai choisi de traiter ici les techniques utilisées le plus couramment dans les stages techniques, théoriques et comportementaux.

Une technique pédagogique est une activité brève (quarante-cinq minutes maximum) réalisée par le formateur ou les formés, dans le but d'obtenir un résultat précis.

Certaines sont utilisées exclusivement en activité heuristique, d'autres en activité applicative, d'autres encore peuvent être choisies pour l'une et l'autre des activités.

# 1 Les techniques pédagogiques de découverte - activité heuristique

J'ai sélectionné quatre techniques dont la finalité est de faire découvrir aux formés le savoir à partir de leurs connaissances et de leurs expériences propres. Les techniques de découverte, nous l'avons vu précédemment, amènent les stagiaires en phase d'incompétence consciente. Il est donc important qu'elles se déroulent en petits groupes car la mise en commun des idées ou la prise de conscience de l'incompétence est plus facile. Seuls les tests essais-erreurs peuvent se faire seuls, mais dans le cadre d'apprentissages opérationnels spécifiques.

## L'EXERCICE DES REPRÉSENTATIONS

Dans le fil rouge de la matinée du premier jour du stage, l'exercice des représentations apparaît en quatrième activité, avec pour thème « les connaissances préalables des participants » et pour objectif pédagogique « faire le point sur ce qu'on sait, connaître ce que savent les autres ».

### Qu'est-ce que c'est ?

L'exercice des représentations permet aux stagiaires d'exprimer ce qu'ils savent et ce qu'ils pensent du thème du stage. Il produit une liste de stéréotypes, de réminiscences scolaires ou de représentations de la réalité spécifiques aux participants.

### Pour quoi faire ?

Cet exercice permet de « mettre les choses à plat », de « vider son sac ». Pour les formés, il sert à se défouler, à mieux connaître les autres, à exprimer des objections ou des réserves qu'ils n'osent pas toujours dire en public. Pour le formateur, il sert à prendre « la température du groupe », à connaître son niveau de connaissance et son rapport au thème du stage, à prévoir les objections à venir et les points sur lesquels se focalisera la résistance au changement, à adapter son vocabulaire, à rectifier éventuellement le fil rouge en insistant plus sur tel ou tel module, sur telle ou telle activité.

### Quand ?

Cet exercice se fait pendant la première matinée, après le topo de lancement, la présentation des participants, le recueil des attentes et la synthèse des objectifs.

### Comment le lancer ?

Lancer l'exercice comme un sous-groupe (voir plus loin) :

• Annoncer l'exercice et son objectif : « Nous allons former des sous-groupes et faire le point sur ce que l'on sait et ce que l'on pense de... Ce travail va permettre d'adapter le programme à vos connaissances. »

• Annoncer la durée : « Chaque groupe va travailler pendant vingt minutes. » Cette durée ne peut dépasser trente minutes.

• Annoncer la suite : « À la fin de ces vingt minutes, un rapporteur que vous choisirez dans chaque groupe viendra nous présenter le fruit des réflexions du groupe. » On peut ajouter une précision concernant le support : « Sur une feuille de tableau de papier, sur un transparent. »

• Conclure en expliquant ce qui sera fait de ces réflexions : « À l'issue de ces présentations, je ferai une synthèse que l'on comparera au programme du stage. »

• Créer les sous-groupes (géographiques, par spécialités) (voir le lancement d'un sous-groupe).

• Donner les règles du jeu et les écrire au tableau de papier : « Vous pouvez répondre aux questions suivantes : lorsqu'on vous dit... (thème du stage) quels sont les mots qui vous viennent à l'esprit ? Ou que connaissez-vous de ?... Construisez une métaphore : le... (thème du stage), c'est comme... »

Préciser que toutes les informations sont les bienvenues, même celles qui peuvent paraître hors sujet ou farfelues.

• Donner quelques conseils méthodologiques aux groupes : « Je vous conseille, dans chaque groupe, de noter en vrac tous les mots que vous évoque... (thème du stage), sans classement ni contrôle, puis quand vous n'avez plus d'idées, essayez de classer ces termes par famille et enfin réfléchissez à une comparaison. »

• Faire en sorte que les groupes puissent se séparer géographiquement : utilisation de salles de sous-commission, déplacement des chaises et des tables.

**Comment le gérer ?**

Pendant les vingt minutes de travail, je conseille au formateur de ne pas se mêler des travaux des groupes : ils peuvent ainsi développer leur autonomie ; cinq ou dix minutes avant la fin, on peut simplement passer dans les groupes pour rappeler la contrainte de temps.

**Comment le conclure ?**

• Faire revenir les participants en grand groupe. Donner la parole aux rapporteurs. Il est préférable que le formateur s'assoie et que les rapporteurs viennent, à tour de rôle, s'exprimer devant le groupe avec ou sans support. Cela permet au formateur de s'intégrer dans le groupe et aux rapporteurs de devenir formateurs. Cela contribue donc à changer les représentations traditionnelles du formateur et du formé qui nuisent à l'apprentissage des adultes.

• Donner des contraintes de temps aux exposés des rapporteurs : leurs exposés dureront cinq minutes maximum. Il vaut mieux éviter de dépasser trois rapporteurs : les sous-groupes comprendront entre 3 et 5 personnes.

• À l'issue des présentations des rapporteurs, le formateur fait une synthèse. Celle-ci doit reprendre les termes exprimés par les participants, résumer les principales représentations du thème du stage et reformuler les comparaisons choisies. Puis, le formateur enchaîne sur la présentation graphique du programme du stage, présentation qui est en lien direct avec les représentations et les connaissances préalables définies par les rapporteurs.

## LA RÉACTIVATION MÉMOIRE

Tous les matins, sauf le premier jour, la journée de stage peut commencer par cet exercice.

### Qu'est-ce que c'est ?

La réactivation mémoire permet aux stagiaires d'intégrer et de restituer ce qui a été fait et vu la veille : ils produisent un document qu'il est judicieux de conserver, d'afficher.

### Pour quoi faire ?

Cette technique permet de commencer la journée d'une manière calme et ludique, en évitant au formateur de faire un exposé inadapté à ce moment de la journée et, pour les formés, de s'impliquer fortement dès 9h00 par un exercice. En outre, pour le formateur, c'est un moyen de contrôler les acquis de la veille, de bénéficier d'un baromètre qui lui fait ou non changer son fil rouge de la journée. Pour les formés, cela permet de se souvenir de ce qui a été fait la veille, de le reformuler avec leurs propres mots, d'auto-évaluer leur degré de mémorisation, de travailler leur esprit de synthèse et leur créativité.

### Quand ?

Cet exercice se fait chaque matin, s'il s'agit d'un stage en journée ou à chaque début de module s'il s'agit d'un stage en périodes espacées.

### Comment le lancer ?

Il s'agit également d'un exercice en sous-groupes.

• Annoncer l'exercice et son objectif : « Pour se remettre en train lentement mais sûrement, je vous propose de former des sous-groupes et de réfléchir à la journée d'hier. Cela va nous permettre de vérifier ce qu'on a retenu, de le digérer et d'en faire la synthèse en étant créatif. »

• Annoncer la durée : « Chaque groupe va travailler pendant quinze minutes. » Si l'on demande au groupe une synthèse graphique, cette durée doit s'étendre à trente minutes.

• Annoncer la suite : « Nous garderons ces synthèses et nous les photocopierons, cela vous permettra de conserver des résumés de ce stage faits par vous. » On peut également procéder avec des rapporteurs, comme pour la technique précédente.

• Créer les sous-groupes (voir plus loin).

• Donner les règles du jeu et les écrire au tableau de papier. Cet exercice peut prendre des formes différentes. En voici quatre :

> « Quels sont les trois points que vous souhaitez appliquer en priorité parmi ceux vus hier ? »
>
> ou,
>
> « Reconstruisez de mémoire le programme de la journée d'hier. »
>
> ou,
>
> « Faites la synthèse graphique — le résumé sous forme de schéma ou de dessin — de ce que nous avons fait et vu hier »,
>
> ou :
>
> « Retrouver de mémoire une des techniques vues la veille. »

Je préfère l'exercice de synthèse graphique car il permet aux participants de jouer avec la matière enseignée, de rire — certains dessins peuvent être très drôles — et de trouver une logique qui leur est propre. Néanmoins, cette technique s'utilise seulement avec des groupes pouvant conceptualiser un savoir ou un savoir-faire acquis.

La synthèse peut se faire sur un transparent, ce qui rend la reproduction plus facile.

On peut également donner au groupe des conseils méthodologiques comme pour l'exercice des représentations.

**Comment le gérer ?**

En laissant l'autonomie aux groupes. Il est parfois nécessaire de leur citer un ou deux exemples de schémas ou de dessins pour leur faire comprendre ce qu'est une synthèse graphique.

**Comment le conclure ?**

• Faire revenir les participants en grand groupe. Donner la parole aux rapporteurs. Demander au président d'aller faire des photocopies des synthèses et de les distribuer.

• Conclure par un court commentaire précisant les ressemblances et les différences entre les synthèses, au niveau de la forme (dessin ou logique choisie) et du contenu. Puis, reprendre la suite du stage en s'aidant du schéma programme.

## LE BRAINSTORMING

Utilisée en conduite de réunion et en créativité, cette technique s'applique également en stage. Elle peut se faire soit en grand groupe, l'activité heuristique est alors animée par le formateur, soit en sous-groupes dans le cadre de l'exercice des représentations ou de tout autre exercice de découverte.

### Qu'est-ce que c'est ?

Le brainstorming permet à chacun de s'exprimer sans jugement, ni classement sur un thème donné. Le résultat en est une banque d'informations qui pourront ensuite être utilisées. Le principe est la création d'idées nouvelles par la friction des idées entre elles : le « remue-méninges ».

### Pour quoi faire ?

Le brainstorming est avant tout une activité ludique qui permet de lever des inhibitions. Cela permet en outre de produire des idées qui seront ensuite utilisées par le formateur.

Le brainstorming détend, libère les esprits des participants de programmations figées, les aide à sortir de leur cadre de référence et à s'ouvrir. Après un brainstorming, le climat d'un stage est souvent plus détendu. Les participants se parlent, se confient, changent l'idée qu'ils ont les uns des autres. Issue du courant humaniste, cette technique sert presque plus à gérer et à améliorer le relationnel dans le groupe qu'à atteindre les objectifs pédagogiques lorsqu'elle est utilisée en stage.

### Quand ?

Cet exercice peut se faire en début de module, dans le cadre d'une activité heuristique, ou à un moment où le groupe connaît soit un problème relationnel, soit une diminution de sa motivation.

### Comment le lancer ?

Lorsqu'on utilise le brainstorming dans des sous-groupes, on effectue un lancement classique de sous-groupes et on explique aux rapporteurs les règles du jeu qu'ils doivent suivre, comme ci-après. Lorsqu'on utilise le brainstorming en séance plénière on le lance comme suit :

• Annoncer l'exercice et son objectif : « Nous allons faire un brainstorming, ou remue-méninges, c'est-à-dire lancer un maximum d'idées pour répondre à la question qui suit. Ces idées vont nous servir pour résoudre le problème X » (ou « comprendre ce qui est facile/difficile - dans... » ou « dresser la liste de... » ou « faire le point sur ce que nous connaissons comme... »).

• Annoncer la durée : « Nous allons faire cet exercice pendant vingt minutes environ. »

• Annoncer la suite : « Quand nous aurons recueilli le maximum d'idées, nous les classerons selon certains critères puis nous les utiliserons pour présenter la technique... »

• Préciser le rôle du formateur dans cet exercice : « Je serai là comme scribe afin de noter toutes les idées que vous avez et faire respecter les règles du jeu. » Éventuellement, se faire aider par un participant qui sera également scribe.

Il est important de disposer d'au moins deux tableaux de papier pour cela.

• Donner les règles du jeu et les écrire au tableau de papier : ces règles du jeu sont essentielles. Les voici : « Chacun donne ses idées en vrac, comme ça lui vient. On ne juge ni ne classe les idées émises. On peut donner les idées dans le désordre. L'idée de l'un peut faire jaillir l'idée de l'autre. »

• Poser une question ouverte et la noter au tableau de papier. Quelques exemples :

> « À quoi peut servir un ordinateur ? »
>
> « Quelles règles de grammaire anglaise connaissez-vous ? »
>
> « Pourquoi faut-il vendre ? »
>
> « Quels types d'objections connaissez-vous ? »
>
> « Comment motiver le personnel de l'usine à adopter un comportement qualité ? »
>
> « Quels adjectifs utiliseriez-vous pour qualifier votre entreprise ? »
>
> « Qu'attendez-vous de votre manager ? »

### Comment le gérer ?

Noter au tableau de papier tous les termes qui sont dits, sans jugement, interprétation ni classement. Les dire tout haut en même temps qu'on les écrit. Aller très vite.

Si les idées diminuent, se diriger vers le groupe, regarder les participants en s'approchant d'eux et reposer la question. Au besoin, relire tout haut les termes écrits au tableau mais éviter absolument de suggérer des mots au groupe, ce serait casser instantanément le flux des idées et le groupe le ressentirait comme un non-respect des règles du jeu et une tentative d'influence.

### Comment le conclure ?

La phase la plus délicate du brainstorming est la synthèse. Il est bon d'ailleurs de faire une pause après le brainstorming pour casser le rythme avant la synthèse. Celle-ci met en effet en œuvre une démarche totalement différente de celle du brainstorming : l'une réduit, classe et range, l'autre ouvre la porte à une expression sans contrôle.

Pour effectuer la synthèse, le formateur :

• Propose un critère de sélection objectif et indiscutable au groupe (« barrer les solutions qui coûtent plus de 50 000 francs », ou « qui nécessitent des partenaires extérieurs »). Il faut absolument éviter tout critère subjectif du type : « Enlevons les idées farfelues ou idéalistes ou les termes trop familiers », car cela entraîne le groupe dans une discussion sans fin, chacun défendant coûte que coûte l'idée qu'il a émise. Le formateur demande l'accord du groupe sur ces critères.

• Passe en revue tous les termes écrits et barre ceux qui ne correspondent pas aux critères. Afin d'impliquer le groupe, il est utile de faire cette énumération à voix haute et de faire participer le groupe.

• Propose un critère de classement au groupe en prenant les mêmes précautions que pour le critère de sélection. Quelques exemples : « Pourquoi faut-il vendre ? À mon avis, trois familles de réponses se détachent : les raisons macroéconomiques — pour le pays, pour le monde —, les raisons microéconomiques — pour l'entreprise —, les raisons individuelles — pour le salarié, pour le consommateur. Qu'en pensez-vous ? »

Ou encore, « Quelles règles de grammaire anglaise connaissez-vous ? À mon avis, il y a quatre familles de réponses : les règles de conjugaison pour les verbes, les règles de vocabulaire pour les noms et les articles, les règles concernant les nombres et les règles de syntaxe pour constituer les phrases. Qu'en pensez-vous ? »

• Classe les idées restantes selon ces critères en utilisant par exemple des feutres de couleur.

• Lance le groupe sur une autre activité en utilisant comme matière première la synthèse du brainstorming.

Ainsi, en respectant la progression pédagogique, un brainstorming est suivi d'une activité démonstrative. Le formateur va s'attacher à une des familles d'idées et faire un exposé technique à son propos : il va, par exemple, enchaîner sur la présentation des règles de conjugaison en anglais ou sur les principes du libre-échange en macroéconomie.

Cet exposé sera logiquement suivi d'un exercice d'application : test de conjugaison ou questionnaire à choix multiples sur le libre-échange.

## LES TESTS ESSAIS/ERREURS

Issu des expériences sur l'apprentissage des animaux et du courant comportementaliste mis au point par Pavlov puis par Thorndike, les tests essais/erreurs s'utilisent dans l'apprentissage d'automatismes : apprendre une langue étrangère, le maniement d'un outil, la conduite d'un appareil, autrement dit apprendre un réflexe qui ne doit pas changer même si l'environnement change.

**Qu'est-ce que c'est ?**

Il s'agit de tests utilisant des supports : questionnaires écrits, logiciels d'autoformation, appareils de simulation.

Le stagiaire est seul face à ce test et procède par tâtonnements, par essais. Trouver lui-même la solution lui permet d'accéder à la suite du test.

L'enseignement assisté par ordinateur est basé sur cette méthode : choisir la bonne réponse à une question permet de passer à la question suivante. Une mauvaise réponse provoque l'apparition de la même question, formulée différemment.

**Pour quoi faire ?**

Les tests essais/erreurs sont conçus pour permettre aux stagiaires d'acquérir des réflexes conditionnés en procédant par autoformation. L'apprentissage solitaire par essais/erreurs leur fait intégrer progressivement un automatisme. Chaque étape doit être acquise pour passer à l'étape suivante. Cela conduit l'apprenant à la compétence inconsciente assez rapidement, mais tous les thèmes de formation ne se prêtent pas à cette technique.

**Quand ?**

En début de module, il s'agit là d'une activité heuristique.

**Comment les lancer ?**

Les tests essais/erreurs ne peuvent se faire que si chaque participant dispose d'un outil.

• On annonce la durée : ces tests ne peuvent durer plus de quarante-cinq minutes.

• On annonce la suite : après les tests, le formateur recueille les observations des participants et précise lors d'un exposé l'une ou l'autre des techniques testées.

• On annonce le mode d'emploi d'utilisation de l'appareil : il est utile de noter ce mode d'emploi au tableau de papier pour que tout le monde puisse le voir, et de faire une démonstration devant les participants. Le formateur dit également qu'il est à la disposition des participants pour les aider ou répondre à leurs questions pendant le test.

**Comment les gérer ?**

À l'inverse des exercices de groupe, les tests solitaires requièrent de la part du formateur une présence et un soutien pendant le test. Il passe donc d'un participant à un autre, répond à une question, donne un résultat. Il prend soin d'aller voir chaque participant, sans se consacrer plus à l'un qu'à l'autre et de donner des précisions à l'ensemble du groupe si plusieurs stagiaires ont la même question.

### Comment les conclure ?

A la fin des tests, le formateur organise plusieurs tours de table successifs pour répondre aux questions suivantes :

« Quels ont été vos résultats ? » « À quelle étape êtes-vous parvenus ? » « Combien avez-vous eu de réponses positives et négatives ? »

« Que pensez-vous de vos résultats ? »

« Quels enseignements tirez-vous de ce test ? »

« Qu'avez-vous retenu de ce test ? »

Cette synthèse permet à la fois de mesurer l'indice de réussite du groupe, de dédramatiser le test et d'enchaîner sur un exposé du formateur où il présentera la ou les techniques illustrées par ce test.

# 2 Les techniques mixtes heuristiques et applicatives

Certaines techniques pédagogiques, les plus couramment utilisées, s'appliquent à tous types d'activités. Il s'agit du tour de table et des sous-groupes. Il faut noter que ces techniques s'utilisent également pour des situations de groupe différentes de la formation : réunions de travail, groupes d'expression ou autre.

Les techniques heuristiques décrites précédemment, sauf les tests essais-erreurs, se déroulent à l'aide de sous-groupes.

## LES SOUS-GROUPES

Les activités de groupe aident l'adulte à apprendre et satisfont à la plupart des conditions d'apprentissage. C'est une technique qui peut s'utiliser dans tous les domaines de formation, dès que le groupe atteint quatre personnes.

### Qu'est-ce que c'est ?

La technique du sous-groupe consiste à diviser les participants en plusieurs petits groupes répondant à des critères de distribution précis, et chargés, pendant un temps limité, de produire un résultat issu soit d'une activité de découverte, soit d'une activité d'application.

### Pour quoi faire ?

Le sous-groupe a des objectifs exprimés et des objectifs sous-jacents. Pour les participants, les sous-groupes permettent de résoudre ensemble un cas, de gagner du temps en faisant travailler pendant la même période plusieurs groupes sur des thèmes différents, de confronter les idées, de s'exprimer plus facilement que devant un large auditoire et en présence de l'animateur. Pour le formateur, les sous-groupes permettent de développer l'autonomie des stagiaires, de gérer les contre-leaders, de créer très facilement un climat convivial et une dynamique dans le groupe et, à ne pas négliger, de se ménager des instants de repos et de solitude pendant le stage.

**Quand ?**

Les sous-groupes peuvent s'organiser n'importe quand dans la journée : exercice des représentations, réactivation mémoire, cas pratique, préparation de jeux de rôle, tests à plusieurs, toutes ces activités peuvent se dérouler en sous-groupes. On peut toutefois noter que le début d'après-midi, vu l'assoupissement généralisé qui l'accompagne, est particulièrement propice aux sous-groupes.

**Comment les lancer ?**

• annoncer l'exercice et son objectif : « Nous allons préparer un jeu de rôle en sous-groupes. »

• annoncer le thème de travail de chaque groupe : « Un groupe va préparer le rôle de l'acheteur et un groupe le rôle du vendeur. » Les deux groupes pourraient tout aussi bien travailler sur le même thème : « Nous allons former trois sous-groupes qui vont chacun dresser la liste des dix points clés pour réussir un entretien de vente. »

• annoncer la durée, le résultat attendu de l'exercice et les suites : « Chaque groupe va réfléchir à son rôle et imaginer ce que va dire le joueur. Cette réflexion va durer quinze minutes. À l'issue de cela, nous allons tirer au sort dans chaque groupe un joueur, acheteur ou vendeur, qui viendra jouer l'entretien de vente. » Pour tout sous-groupe, il est nécessaire de préciser qu'un rapporteur viendra présenter en cinq minutes le fruit des réflexions du sous-groupe en séance plénière. Je suggère de laisser aux sous-groupes le choix de leur rapporteur mais d'être précis dans les directives que l'on donne à celui-ci : « Vous désignerez dans chaque groupe un rapporteur ou une rapporteuse (!) qui viendra présenter à tout le monde les dix points clés trouvés par le groupe sur une feuille de tableau de papier de façon à ce qu'on puisse voir facilement. »

Afin d'éviter les erreurs, il vaut mieux écrire au tableau de papier les thèmes de travail, le résultat attendu, la durée et le rapporteur.

• déterminer les groupes. Il existe trois façons de répartir les stagiaires dans les sous-groupes :

> — soit de façon arbitraire, géographique : « Le premier groupe se compose de tous ceux qui sont à ma droite, c'est-à-dire... Le second groupe de tous ceux qui sont en face, c'est-à-dire... et le troisième groupe de tous ceux qui sont à ma gauche, c'est-à-dire... » Cette organisation convient particulièrement bien lorsque les groupes travaillent sur le même thème.

— soit par spécialité : si on a un groupe hétérogène, on peut faire le sous-groupe des techniciens et celui des commerciaux, ou celui des membres de la direction financière et de ceux de la direction informatique. Cette organisation convient à tous types d'exercices mais renforce les barrières d'identité entre les individu ;

— soit par choix personnel, si les thèmes sont différents : « Qui souhaite travailler sur le vendeur ? Qui souhaite travailler sur l'acheteur ? » Dans ce cas, il est judicieux de noter les prénoms sous chaque thème. Un sous-groupe fonctionne bien s'il regroupe sept personnes au maximum et deux au minimum. La taille optimale est cinq. Les chiffres impairs fonctionnent toujours mieux car ils évitent les conflits symétriques.

• favoriser une répartition dans l'espace. L'idéal est de bénéficier de salles de sous-commissions, pourvues de tableaux de papier. Si ce n'est pas le cas, on peut inviter les groupes à se répartir dans la salle, en déplaçant tables et chaises. Ce « remue-ménage » est utile car il permet aux stagiaires de changer leurs repères visuels et physiques, ce qui favorise leur adaptabilité et leur créativité.

### Comment les gérer ?

Les formateurs se posent souvent la même question : « Dois-je participer aux sous-groupes, ou aller les voir ? » Je préconise un total retrait de l'animateur. Le sous-groupe est l'activité qui permet le plus facilement de développer l'autonomie des formés, condition *sine qua non* de leur apprentissage. L'interférence du formateur ne peut donc être que limitante, voire culpabilisante. Par contre, il est important que le formateur reste à portée de vue ou de voix, et qu'il indique qu'on peut venir le voir, ou l'appeler, en cas de difficultés. Le formateur peut également passer rapidement dans les groupes, cinq minutes avant la fin de l'exercice, afin de rappeler l'horaire et la nécessité de nommer un rapporteur.

### Comment les conclure ?

Après avoir invité les participants à regagner leurs places en salle plénière, le formateur demande aux groupes comment cela s'est passé et donne la parole aux rapporteurs, en les incitant à venir en face du groupe et en leur rappelant la durée de leur temps de parole. Puis il fait la synthèse des interventions des groupes en rappelant l'objectif de l'exercice et les suites. Pour les activités heuristiques, la synthèse peut être suivie immédiatement de l'annonce du programme sous forme de schéma (exercice des représentations) ou d'un exposé technique. Pour les activités d'application, la synthèse se fait en suivant le modèle de debriefing des techniques d'application.

## LE TOUR DE TABLE

Fréquemment utilisé en réunions d'information ou de travail, le tour de table est souvent détourné de son objectif d'origine et se transforme en une technique rigide et ennuyeuse. Pourtant, le tour de table est un outil d'animation indispensable au formateur.

## Qu'est-ce que c'est ?

Le tour de table est la juxtaposition d'interventions courtes de chacun des participants, suivant un cadre donné par l'animateur. C'est une technique directive, qui peut être utilisée soit lors d'activité heuristique – demander l'avis de chaque participant sur un thème –, soit applicative – faire s'exprimer chacun sur les résultats qu'il a obtenus après un test.

## Pour quoi faire ?

Le tour de table oblige chaque participant à s'exprimer. Cela permet donc de recueillir l'opinion de tout le groupe en additionnant les opinions individuelles. L'intervention de chacun suit un modèle et une durée fixés par l'animateur, ce qui évite les débordements qu'on observe, par exemple, lors de débats. Le tour de table ne permet pas les interactions entre les formés ; c'est uniquement une information ascendante de chaque formé vers le formateur.

## Quand ?

Traditionnellement, en début de séminaire, au cours de l'exposé de lancement, le formateur lance un tour de table pour recueillir les présentations ou les objectifs des formés. Le tour de table peut être également utilisé comme technique de debriefing des activités d'application, pour obtenir les commentaires après un jeu de rôle par exemple, le soir en exercice de synthèse ou, le matin, en réactivation de la mémoire individuelle.

## Comment le lancer ?

• Annoncer le tour de table et son objectif : « Nous allons faire un tour de table afin de recueillir vos impressions sur le jeu de rôle que nous venons de faire. »

• Annoncer la durée, le résultat attendu et les suites : « Ce tour de table va durer une dizaine de minutes et va permettre à nos deux joueurs de remplir leur grille d'analyse et de prendre conscience de leurs points positifs et de leurs points à améliorer. Ensuite, je ferai la synthèse de ces commentaires et nous enchaînerons sur un autre exercice. »

• Noter au tableau de papier les questions auxquelles les stagiaires doivent répondre : il est important que ces questions soient fermées ou tout au moins, dirigées. Pour notre exemple de debriefing de jeu de rôle, il sera plus judicieux de noter : « Citer trois points positifs et trois points à améliorer pour chaque joueur », que « commentaires sur les joueurs ». En effet, le principe du tour de table n'est pas de recueillir le maximum d'informations issues du groupe mais quelques informations émises par chacun des membres.

En plus, dans le cas d'une analyse de jeu de rôle, il est important d'agir avec beaucoup de prudence, afin que les joueurs ne soient pas « cassés » par le groupe et que l'effet de la réussite et de l'échec remplisse son rôle sans traumatisme. Dans l'exemple d'un tour de table de présentation en début de stage, on peut également noter des questions au tableau afin de limiter les trop grandes différences de durée d'intervention et d'inciter les timides à s'exprimer.

Voici quelques exemples de questions à utiliser dans ce cas : « Qui êtes-vous ? Que faites-vous ? Quelle est votre fonction ? Qu'avez-vous fait avant ? Quels sont vos hobbies ? Quelles autres formations avez-vous suivies ? Donnez-nous une autre information de votre choix qui nous aidera à mieux vous connaître... » Quatre questions suffisent. Dans le tome 1 est décrit un exemple d'exposé de lancement dans lequel est détaillé un tour de table de présentation.

• préciser les règles du jeu : chacun s'exprime quand il le souhaite et l'animateur note les informations émises. Le tour de table est moins rébarbatif quand il s'effectue dans le désordre : commencer à une extrémité de la table et finir à l'autre est la meilleure garantie pour que tout le monde s'ennuie et que personne n'écoute, attendant avec angoisse ou impatience son tour, et préparant des notes qui rendront les interventions rigides et peu naturelles. Pour inciter un stagiaire à commencer, l'animateur peut se lever et aller vers le groupe en essayant d'« attraper » le regard d'un participant et en l'encourageant à commencer : « Qui veut commencer ? (regard qui tourne). Oui ? Paul ? Allez-y, nous vous écoutons. »

**Comment le gérer ?**

Pendant le tour de table, l'animateur se contente d'encourager du regard celui qui s'exprime, de lui poser, le cas échéant, la ou les questions auxquelles il a oublié de répondre. Il ne pose pas de questions supplémentaires. N'oublions pas que le tour de table doit être rapide et ne pas entraîner de débat avant d'être terminé. L'animateur note quelques mots, ce qui prouve qu'il prend en considération ce qui est dit et ne fait pas s'exprimer les participants par pure démagogie. Il donne la parole à chacun en allant les chercher du regard et en évitant de laisser s'installer le tour de table dans l'ordre des places.

**Comment le conclure ?**

L'animateur rassemble les informations émises et en fait une synthèse, le plus souvent thématique : « Trois d'entre nous ont donc à ce test un résultat compris entre 0 et 2, cinq entre 3 et 7, deux entre 7 et 10. On peut en conclure... », ou dialectique : « Si on résume, selon vous, les points positifs de notre joueur sont... et les points qu'il peut améliorer sont... »

## 3 Les techniques applicatives

La progression pédagogique ternaire – découverte, démonstration, application – fait la part belle à toutes les activités d'application. Un adulte n'apprenant que lorsqu'il agit, le formateur doit accorder la plus grande vigilance aux techniques d'application. Si, pour les techniques heuristiques et mixtes, nous avons insisté sur l'importance du lancement dans leur bon déroulement, pour les techniques d'application, lancement et synthèse sont à soigner ; en effet les analyses ou « debriefing » de ces activités conditionnent la suite de l'apprentissage pour les formés : un commentaire trop emphatique ou trop désobligeant, et c'est le découragement du stagiaire et la mauvaise utilisation de l'effet de la réussite et de l'échec.

J'ai choisi ici de concentrer mon analyse sur plusieurs techniques applicatives pouvant être utilisées couramment dans les formations techniques, théoriques ou comportementales.

## LES JEUX DE RÔLE

### Qu'est-ce que c'est ?

Le jeu de rôle met les stagiaires en situation de simuler une action ou un comportement ayant lieu dans des circonstances réelles ou réalistes. Je ne parlerai pas ici des jeux de rôle totalement fictifs, du style Heroic Fantasy (« Donjons et Dragons ») car ces activités sont dissociées du réel du stagiaire. Or, une des conditions d'apprentissage de l'adulte est que la formation soit visiblement liée ou comparable à ce qu'il vit dans la réalité. Si ces jeux sont de merveilleuses activités de détente ou de création, ils sont plus difficilement utilisables pour apprendre à se servir d'un logiciel ou à vendre. Le jeu de rôle est beaucoup utilisé en stage comportemental ou linguistique : simuler un entretien d'embauche, une présentation en anglais, une réunion de travail, un échange avec un collaborateur.

### Pour quoi faire ?

Dans « jeu de rôle », il y a « jeu ». Cette technique sert avant tout à se détendre et à apprendre en s'amusant. Cela permet de dédramatiser les situations jouées qui, grâce à l'environnement fictif créé par le stage, se déchargent de leurs enjeux. Le jeu de rôle assure l'apprentissage par l'action et l'observation. Il garantit également une prise de conscience des formés qui les distancie de leurs habitudes quotidiennes et les aide, doucement, à se remettre en question, à faire table rase pour mieux reconstruire.

### Quand ?

Les jeux de rôle peuvent être mis en place aux moments de la journée où les participants sont concentrés : on ne lance pas un jeu de rôle à midi ou à 17 h. Ils doivent se placer après une séquence d'activité démonstrative, ou après un premier jeu de rôle, en renforcement et pour permettre à d'autres stagiaires de participer.

### Comment les préparer ?

Un jeu de rôle demande beaucoup de soin dans sa préparation. Pour que les conditions d'apprentissage soient respectées, il faut mettre au point trois types de documents.

• *La fiche de situation,* distribuée à tous les participants, décrit le cas. Prenons comme exemple un séminaire de management sur l'entretien d'appréciation. La situation peut être la suivante : « Le chef du service micro-informatique de l'entreprise X mène l'entretien d'appréciation de son assistante. Ils travaillent ensemble depuis huit ans. L'activité du service consiste à... Le service a connu l'année passée les changements suivants... »

La fiche décrit l'environnement du cas. Dans le cas d'un stage sur mesure, il est tout à fait possible de prendre comme terrain l'entreprise concernée. On prendra soin néanmoins d'inventer les personnages pour éviter les situations embarrassantes.

• *Les fiches de rôles* décrivent les caractères, l'histoire et les objectifs des personnages. Il ne s'agit pas là de romans complets mais de descriptifs de quelques lignes permettant aux joueurs de tenir leur rôle. Il peut être tout à fait possible de faire jouer aux participants leur propre rôle, dans des situations ne présentant pas de risque d'évolution vers le psychodrame : on est alors en situation de simulation. Par exemple, on peut demander à des responsables marketing de présenter leurs propres produits en anglais, ou à des vendeurs de simuler un entretien commercial réel, avec de vrais objets et de vrais argumentaires. Plus la situation est proche du réel, plus elle est profitable pour les stagiaires et plus elle fait émerger des objections souvent difficiles à gérer pour le formateur : « En vrai, ça n'est pas comme ça, mon acheteur n'aurait jamais dit ça, on sait qu'on est observé... » Ces objections sont tout à fait normales et sont le signe qu'un lent processus de changement est en train de se mettre en place chez les formés.

• *Les grilles d'analyse* servent aux observateurs. En effet, que le jeu soit filmé en vidéo, joué devant le groupe ou devant un observateur, il est nécessaire qu'il soit ensuite analysé à partir de critères objectifs et mesurables. Les grilles d'analyse reprennent les éléments techniques présentés lors de l'activité démonstrative précédente et devant être appliqués dans le jeu : les phases à respecter lors de l'entretien, le vocabulaire employé, les tournures anglaises utilisées, l'attitude non verbale... Une grille d'analyse peut se présenter de la façon suivante :

| POINTS OBSERVÉS | POINTS POSITIFS | POINTS NÉGATIFS | TECHNIQUES À APPLIQUER |
|---|---|---|---|
| | | | |

Cette grille est remplie par les observateurs, corrigée par le formateur et remise aux joueurs qui peuvent ainsi mesurer leur progression d'un jeu à l'autre et y revenir après le stage.

**Comment les lancer ?**

– Annoncer l'exercice et son objectif : « Nous allons faire un jeu de rôle simulant un entretien d'appréciation. L'objectif est d'appliquer les techniques de consultation que nous avons vues tout à l'heure. »

– Annoncer la durée, le résultat attendu, les suites : « Le jeu va durer dix minutes, vous allez le préparer pendant vingt minutes et ensuite nous l'analyserons. » Il est important de dédramatiser l'enjeu et de préciser qu'un jeu de rôle est avant tout une activité ludique et distrayante.

– Expliquer le fonctionnement du jeu. Les jeux de rôle peuvent s'organiser de diverses manières. Si l'on utilise la vidéo et qu'on a une salle de sous-commission, il est plus efficace de faire jouer les joueurs dans cette salle. Filmés par une caméra ou un camescope relié à la télévision située dans la salle plénière, cela permet au reste du groupe de visionner en direct en remplissant la grille d'appréciation. Ensuite, les joueurs rejoignent le groupe et visionnent la cassette que le formateur interrompt régulièrement pour permettre les commentaires. Si l'on n'a pas de vidéo et qu'on souhaite faire jouer le maximum de participants, on peut organiser des trinômes – deux joueurs et un observateur – qui échangent leurs fonctions à tour de rôle.

Enfin, pour les jeux de rôle en groupe, on peut également soit filmer le jeu, soit répartir autour du groupe de joueurs des observateurs chargés de regarder, chacun, deux à trois personnes. Quelle que soit la formule choisie, le jeu demande du temps de préparation pour se familiariser avec la situation et le rôle. Il est préférable que les protagonistes préparent seuls, afin de conserver toute leur spontanéité pendant le jeu.

**Comment le gérer ?**

Il est souhaitable que le formateur n'intervienne pas pendant le jeu. Si les joueurs interrompent le jeu en cours par un fou rire ou une remise en question des règles, on peut traiter la situation en grand groupe, faire s'exprimer les joueurs, le cas échéant repréciser les règles du jeu ou changer de joueur ou... de jeu !

**Comment le conclure ?**

L'analyse du jeu se fera d'autant plus facilement que les grilles d'observation auront été bien préparées et bien remplies. L'ordre dans lequel on donne la parole est important : on fait d'abord s'exprimer les joueurs, puis le groupe, puis le formateur synthétise les observations. Les commentaires seront guidés : d'abord parler des points positifs, ensuite des points à améliorer, enfin des conseils techniques que les joueurs peuvent suivre pour progresser. Chaque joueur reçoit les fiches d'observation le concernant et peut, grâce à elles, rédiger son plan d'action.

## LES SIMULATIONS

Les simulations sont très utilisées en formation technique. Pendant cet exercice, les stagiaires reproduisent les gestes ou les attitudes réelles qu'ils doivent posséder en sortant du stage : réparer une machine défectueuse, remplir un formulaire, conduire un engin, rédiger un rapport...

La simulation peut donc être considérée comme une sorte de jeu de rôle pendant lequel les participants joueront leur propre rôle, avec des objets, des attitudes et des discours réels. Ainsi le lancement, la gestion et l'analyse des simulations sont comparables à ceux des jeux de rôle. Nous ne les développerons donc pas ici. On peut noter cependant que la grille d'appréciation est d'autant plus utile dans les simulations qu'elle peut être instantanément transformée en plan d'action, sans transfert vers la réalité. Autre différence, la simulation, notamment sur machine, peut être faite par chaque participant indépendamment ; c'est le cas de tous les exercices sur ordinateur.

## LES AUTRES TECHNIQUES APPLICATIVES

On peut citer d'autres techniques applicatives : les tests écrits, les jeux du type jeux de société, souvent utilisés en gestion ou en comptabilité, les exercices divers ou cas pratiques de réflexion, effectués seul ou en groupe... Il est important pour chacune d'entre elles de respecter les grilles de lancement et de conclusion ci-après :

### Lancement

- annoncer l'exercice et son objectif ;
- annoncer la durée, le résultat attendu et les suites prévues ;
- annoncer les règles du jeu, composer éventuellement les sous-groupes, expliquer l'utilisation d'un objet, matériel ou test ;
- présenter les grilles d'appréciation et leur utilité ;
- expliquer comment se fera l'analyse ou « debriefing » ;
- préciser le rôle du formateur pendant l'exercice ;
- prononcer une phrase de lancement de type : « Allez-y » ;

### Conclusion

- recueillir les impressions des participants en tour de table ;
- analyser les points positifs et les points à améliorer de chaque exercice et faire remplir les grilles d'appréciation ;
- faire la synthèse des résultats du groupe et enchaîner sur une autre activité applicative, si les réflexes ne sont pas acquis, ou sur un autre module, avec une activité heuristique.

Toutes les techniques pédagogiques ne sont pas recensées ici. J'ai choisi de développer celles qui sont le plus couramment utilisées et celles qui sont souvent choisies à tort et à travers, sans tenir compte de leurs spécificités. Chaque formateur a ses recettes : un jeu qu'il a conçu, un exercice qu'il affectionne, un test qu'il sait particulièrement bien analyser.

L'important n'est pas d'être un virtuose de toutes les techniques pédagogiques, mais d'en maîtriser quelques-unes, d'être très rigoureux dans leur lancement et leur synthèse et, surtout, de respecter la clé de l'atteinte des objectifs : le découpage pédagogique ternaire. On peut animer un merveilleux stage en utilisant simplement des sous-groupes, tantôt pour découvrir, tantôt pour appliquer. Certaines techniques extrêmement sophistiquées cachent en fait un désert pédagogique et un manque d'implication du formateur, qui pallie sa mollesse, sa peur ou sa démotivation par des jeux-gadgets.

Comme nous le verrons plus loin, il est plus efficace de passer du temps à peaufiner une progression pédagogique qu'à concevoir des exercices dans n'importe quel ordre.

# 4 L'organisation logistique

Je ne parlerai pas ici des outils utilisés lors d'activités démonstratives – tableaux, aides visuelles variées (voir tome 1) – mais de l'environnement géographique d'un stage et des outils utilisés en activités applicatives.

## L'ENVIRONNEMENT GÉNÉRAL

Il existe deux types d'environnement pour un stage de formation : la salle de cours ou l'environnement réel (atelier, cabine de pilotage...).

Dans le cas d'une formation en salle, la disposition des tables est importante. Les hôteliers et les spécialistes des lieux de séminaires proposent cinq types d'organisation :

– Le U ou le V

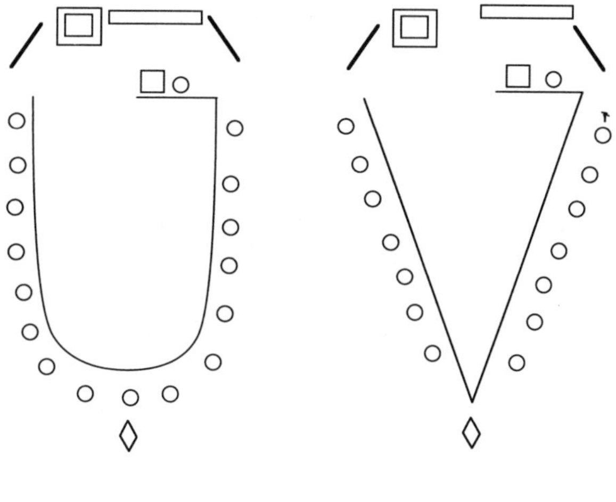

— l'écolier

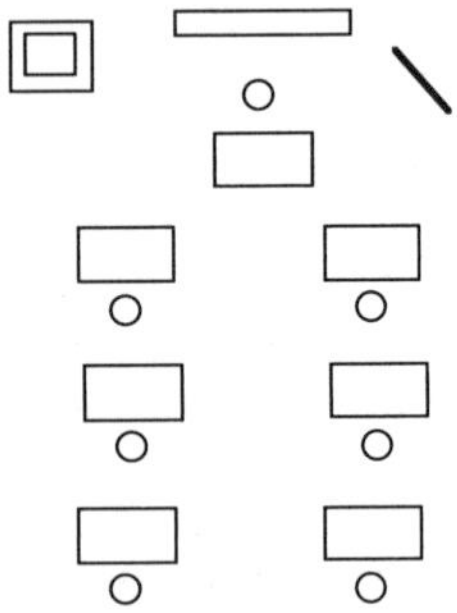

— l'amphithéâtre

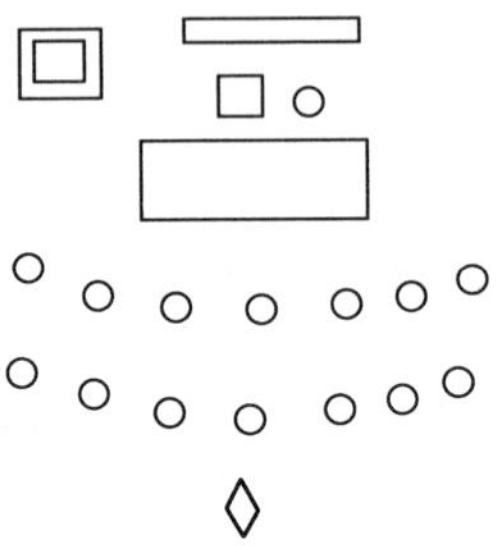

— le conseil d'administration

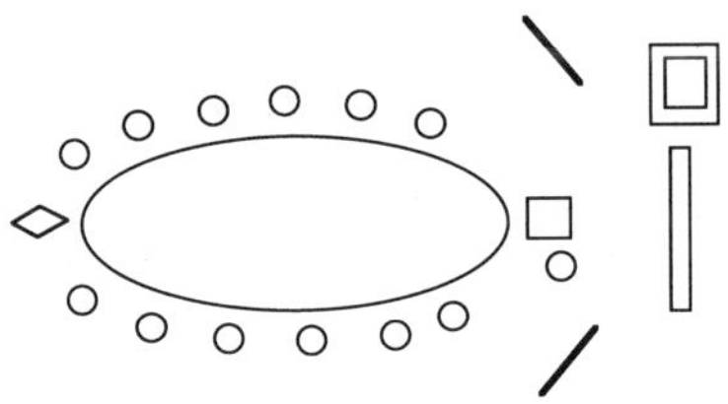

— le carré ou le rond

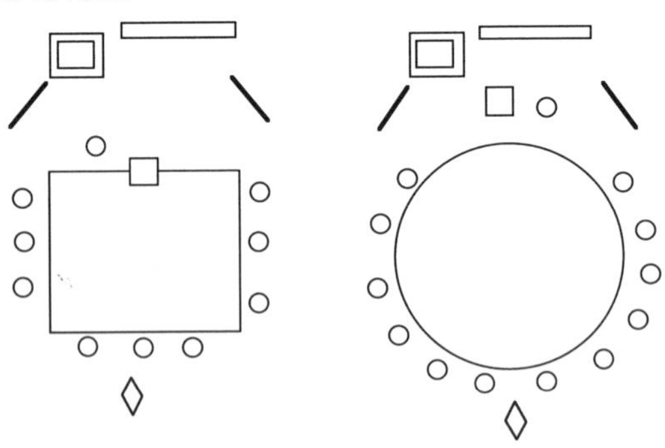

La disposition la plus agréable pour favoriser la relation pédagogique est le U ou le V. Les participants peuvent tous se voir, échangent facilement. Il est important de placer la table de l'animateur en retour et non pas au milieu. Cela permet au formateur d'intégrer plus aisément le groupe en venant s'asseoir parmi les participants et de se déplacer à l'intérieur du U sans être gêné par la table.

La disposition en « écolier » est à bannir : elle empêche la constitution du groupe et rappelle trop souvent des souvenirs douloureux. L'amphithéâtre est idéal pour les sessions d'information descendante : conférence ou autre, mais pas pour la formation. Quant aux autres dispositions, elles conviennent plutôt à des réunions de travail en petit comité car elles ne ménagent pas de place spécifique au formateur.

Tout ce qui peut favoriser les concentrations et la cohésion des formés doit être vérifié avec attention : la présence de chaises en nombre suffisant, l'éclairage, vif et indirect, la lumière du jour, le chauffage réglable facilement. Il est préférable de ne pas fumer dans la salle ; la grande majorité des stagiaires le comprend fort bien. En cas de présence de « gros fumeurs », on multipliera les pauses rapides. Il est toujours plus confortable d'avoir deux salles : si on utilise les jeux de rôle vidéo, c'est indispensable et elles doivent être contiguës afin d'éviter les parasites dus à des câbles trop longs. Plus on dispose de salles, boxes ou bureaux, plus on peut faire bouger les sous-groupes et favoriser ainsi la flexibilité et le changement chez les formés. Si on n'a qu'une salle, qu'elle soit grande (au moins 40 $m^2$ pour un groupe de 12) afin qu'on puisse y fabriquer des « coins à sous-groupes » avec quelques chaises.

L'espace pause est essentiel : point n'est besoin d'un matériel sophistiqué mais seulement d'un espace concentré et défini avec quelques tables et une machine à boisson. Les distributeurs à café perdus au milieu d'un couloir passant n'ont jamais favorisé les échanges informels lors des pauses, bien au contraire.

À vérifier également la présence de gobelets et d'eau minérale pendant le stage ainsi que... des toilettes propres et accessibles !

Dans le cas d'une formation sur site — sur chantier, en atelier, en laboratoire... — les groupes doivent être restreints à 4 ou 5 personnes car sinon les formés ne peuvent pas voir. La formation sur site peut également suivre une progression pédagogique ternaire, faite d'activités de durée courte (10 minutes).

Exemple :

**Formation à la pose de revêtements isolants sur les toits**

MODULE 1 : connaissance du toit

a) activité heuristique : question/réponse : « Trouvez les quatre caractéristiques de ce toit »,

b) démonstration : explications par le formateur,

c) applications : test oral.

MODULE 2 : être capable d'appliquer le produit :

a) activité heuristique : test d'application sur 1 $m^2$ du toit par un stagiaire,

b) démonstration : démonstration de l'application faite et commentée par le formateur,

c) application : application par chaque stagiaire sur une partie du toit.

Cette manière de faire est largement utilisée dans les apprentissages techniques : coiffure, hôtellerie, mécanique.

La formule idéale combine les deux organisations : une salle de formation jouxtant un espace reproduisant exactement l'espace réel : reconstitution d'une boutique, d'une cabine de pilotage, d'un bar...

Activités heuristiques et démonstratives peuvent se faire en salle, l'application ayant lieu sur site, filmée et retransmise en direct dans la salle et visionnée par les observateurs.

La plupart du temps les formateurs doivent se contenter d'installations non spécifiques à la formation : mettre les tables en U et se fabriquer un coin pause suffisant pour créer un bon espace.

## LA BOITE À OUTILS DU FORMATEUR

On reconnaît souvent les formateurs professionnels à quelques signes qui ne trompent pas un œil averti : une voiture break, un cartable-valise et de nombreuses scolioses, lordoses et autres hernies dues aux déplacements incessants d'objets lourds (tableaux, tables, téléviseurs...).

Voici une liste presque exhaustive des matériels que le formateur doit avoir dans sa salle ou, tout au moins, doit être capable de trouver en moins de cinq minutes :

— papier blanc,

— crayons ou stylos pour les stagiaires,

— rouleaux de recharge à tableau de papier,

— feutres de rechange pour tableau, au moins trois couleurs,

— scotch,

— punaises, épingles ou aimants, selon le revêtement du mur,

— agrafeuse et agrafes,

— boîte de transparents vierges,

— feutres à transparents,

— blocs de Post-it de tailles variées, très utiles pour animer les tours de tables ou les tests,

— rétroprojecteur,

— ampoule de rechange,

— prise multiple,

— rallonge,

— perforatrice,

— nominettes ou chevalets de papier ou de carton,

— écran,

— tous accessoires nécessaires à l'utilisation éventuelle de la vidéo : caméra, magnétoscope, téléviseur, meuble support, micro et pied, raccords et rallonges,

— documents en nombre suffisant : fiches de jeux de rôle, tests, documents de cours, cas, grilles d'appréciation...

Chaque formateur possède son propre « gri-gri » : pour certains c'est une balle qui, lancée de main en main, désigne celui qui doit prendre la parole (très utilisé en stage de langue) ; pour les autres c'est un jeu de cartes permettant la constitution aléatoire des sous-groupes (8 participants, 2 cœur, 2 pique, 2 trèfle, 2 carreaux, chacun pioche et se met par couleur), pour d'autres encore c'est une photothèque permettant de faire s'exprimer les formés, ou un livre de contes orientaux qui font méditer sur nos réactions au changement, ou un foulard qui sera posé chaque jour par un président différent, ou des livres incitant les stagiaires à continuer par eux-mêmes la formation, ou des échantillons, des objets, des produits...

Tous ces accessoires sont judicieux dans la mesure où ils sont en adéquation avec le contenu du stage, ou bien utiles à la pédagogie ou encore s'ils permettent une cristallisation d'un groupe autour d'eux ; c'est le cas des mascottes, souvent utilisées pour les groupes adolescents (scoutisme, colonies de vacances...) qui sont à la fois le symbole et le ferment du groupe.

Je ne saurais trop conseiller aux formateurs de passer au moins une heure, avant le début du stage, à organiser la salle, installer et vérifier le fonctionnement des outils, classer les documents... Rien n'est plus horripilant pour le groupe qu'un rétroprojecteur mal réglé, rien n'est plus déstabilisant pour le formateur que de s'encombrer l'esprit avec des détails pratiques.

## LE MATÉRIEL PÉDAGOGIQUE

Ce sont à proprement parlé les matériels nécessaires à la réalisation des activités pédagogiques.

On en distingue quatre sortes :

— les aides visuelles (voir tome 1) ;

— les outils papier (fiches, cas, grillles, tests...) ;

— les outils d'enregistrement (vidéo, magnétophone, appareil photos, ordinateur) ;

— les objets à manier (produits réels, jeux de société, outils...).

Les outils papier doivent être lisibles, bien présentés, cohérents dans leur mise en pages, simples à comprendre et en nombre suffisant. Il n'est plus tolérable de voir encore de vilaines photocopies visiblement extraites de livres et grossièrement collées, sans même la décence d'avoir une ligne citant les références des livres. J'ajoute que trop de formateurs font fi des copyrights. Notre matière première à nous formateurs, ce sont les livres, encore faut-il les utiliser correctement !

Les outils d'enregistrement sont souvent la bête noire des formateurs. Les objets semblent doués d'une vie propre, pleine de perversités, qui les font tomber en panne, effacer les bandes ou refuser de se mettre en marche sans qu'on sache pourquoi. Qui n'a pas trépigné devant un camescope retors, ou n'est pas tombé en syncope devant un micro-ordinateur obtu ? Trois règles face à ces vilains génies : s'entraîner avant, s'écrire un mode d'emploi qu'on garde toujours avec soi et nommer un technicien de service qui nous secondera pendant toute la durée du stage. À ne pas faire : s'énerver tout seul, demander à dix personnes de vous aider, arrêter le stage. À faire : informer le groupe simplement de ce qui se passe et continuer le stage ; un sous-groupe impromptu, un exercice de secours vous permettront de vous éclipser, à moins que votre président de séance ou un spécialiste n'aille lui-même chercher du secours pendant que vous entamez le module suivant. De l'intérêt d'avoir toujours, « sous le coude », des exercices supplémentaires.

Enfin, les objets à manier sont toujours très intéressants car ils permettent de créer un lien direct entre la formation et la pratique quotidienne des formés : les vendeuses de boutique utilisent des vêtements, les gens de marketing regardent et touchent leurs produits, catalogues, argumentaires, les assistantes s'entraînent sur des ordinateurs à partir de documents réels, etc. Tous les stages cependant ne s'y prêtent pas.

Pour reprendre la métaphore de l'introduction, nous avons maintenant à notre disposition les outils du parfait navigateur : la carte des courants marins — courants de la pédagogie et conditions d'apprentissage (exposé1) — la destination finale — objectifs pédagogiques (exposé 2) — la route et les caps que nous suivront — progression pédagogique (exposé 2) — les allures que nous saurons prendre — techniques pédagogiques (exposé 3) — et le gréement complet de notre navire — outils pédagogiques — (exposé 3).

Il nous reste seulement à adopter une méthode chronologique pour préparer notre voyage et mettre au point tous les documents — cartes, livre de bord, formulaires officiels — dont nous aurons besoin avant, pendant et après la traversée.

# Quatrième exposé

# CONCEVOIR UN STAGE DE A À Z

Après avoir compris tous les concepts, méthodes, techniques et outils présentés précédemment, la question qui vient naturellement à l'esprit c'est : comment procéder pour créer un stage ? dans quel ordre s'y prendre ? comment intégrer les contraintes externes ?

Pour fabriquer un stage, deux actions sont nécessaires :

- suivre une méthode chronologique ;

- élaborer les documents qui serviront au commanditaire du stage, au formateur et aux formés.

## 1 Méthode chronologique

Il est toujours plus enrichissant pour un formateur de concevoir lui-même tout ou partie des stages qu'il anime. Ce n'est pas toujours le cas. Quoi qu'il en soit, il est indispensable que le concepteur ait une expérience d'animation et, *a fortiori*, il est impensable qu'un animateur ne soit pas pédagogue.

La méthode de conception d'un stage permet de transmettre plus facilement les informations du concepteur à l'animateur et évite les oublis qui sont à l'origine des erreurs de pédagogie.

Cette méthode se déroule en six temps.

### DRESSER LA LISTE DES CONTRAINTES

On distingue quatre temps de contraintes :

## La population

taille des groupes,

nombre de groupes,

âge moyen,

métier,

sexe,

niveau hiérarchique,

niveau d'études,

parcours professionnels,

projets professionnels,

habitudes de formation,

type de relations existant à l'intérieur de chaque groupe.

Il est important de répondre à ces 11 questions afin de choisir les types d'activités à mettre en place dans le stage. Parfois, certaines questions sont sans réponse ; l'important est d'avoir la tendance du groupe.

Cette liste peut servir de guide d'entretien auprès du commanditaire du stage s'il s'agit d'un stage intraentreprise. Dans le cas d'un stage inter, on peut adresser aux inscrits un questionnaire qui permettra d'orienter éventuellement la pédagogie.

## La durée

Rares sont les formations où on laisse carte blanche au formateur pour en définir la durée. En général, on impose à l'animateur un temps moyen : deux à trois jours ou dix jours en modules... Si le formateur peut déterminer lui-même la durée, il doit tenir compte de plusieurs facteurs : les habitudes de formation et les métiers des formés (il est utopique de maintenir des vendeurs cinq jours d'affilée sans bouger dans une salle), le thème et les objectifs du stage, la culture de l'entreprise, les contraintes économiques.

## Les moyens logistiques humains et financiers

espace où se déroulera la formation,

matériel à disposition,

assistance technique,

budget de création ou d'achat d'outils.

Il est inutile de prévoir la conception de jeux pédagogiques sur ordinateur si l'on ne peut disposer d'une quantité suffisante de terminaux pour les participants.

### Le temps de préparation

On peut préparer un stage excellent pédagogiquement en quelques heures, à condition d'en maîtriser le contenu. Plus on disposera de temps, plus on pourra concevoir et réaliser des tests, jeux, cas. Toutefois, le manque de temps de préparation est souvent une excuse utilisée par les formateurs pour justifier leurs lacunes pédagogiques. Une fois qu'on a compris le principe de la progression pédagogique et que l'on connaît quelques techniques, il suffit d'un peu de créativité et d'un crayon pour créer un stage qui atteigne ces objectifs. Le temps de préparation n'est donc pas la contrainte la plus forte.

## RÉDIGER LE THÈME ET LES OBJECTIFS GÉNÉRAUX DU STAGE

Le thème est un nom, les objectifs des verbes.

Exemple :

> **Thème : initiation à la coupe de cheveux**
>
> *Objectif* : connaître les trois coupes les plus courantes. Être capable de les réaliser en moins de trente minutes et avec soin. Être plus à l'aise dans la pratique de la coupe.

L'objectif est le résultat que les stagiaires doivent atteindre en termes de connaissances, compétences et comportement. Il est important de bien circonscrire le thème du stage et d'éviter les titres fourre-tout dans lesquels tout le monde croit se reconnaître, mais dont le contenu ne satisfait personne.

## SCINDER LE THÈME EN MODULES ET RÉDIGER LES OBJECTIFS DE CHAQUE MODULE

Les modules sont les étapes de l'apprentissage.

Le thème, « Initiation à la coupe de cheveux », peut se diviser en cinq modules :

1. les différentes natures de cheveux et leurs réactions à la coupe,
2. les outils de la coupe,
3. le carré,
4. le dégradé,
5. l'effilage.

En fonction de la population, de la durée, du thème et des objectifs généraux du stage, on descendra plus ou moins dans le détail ou on augmentera ou on réduira le nombre de modules. Un stage d'initiation au marketing en trois jours pour des assistants chefs de produit dans l'agro-alimentaire sera totalement différent d'un stage d'initiation au marketing en dix jours pour des cadres demandeurs d'emploi souhaitant se réorienter. Si le formateur n'est pas un spécialiste du thème, le découpage par module est le moment de faire les recherches documentaires et les réflexions sur les contenus.

La somme des modules forme le programme du stage. Chaque module a un objectif en termes de connaissances ou de compétence et de comportement. Dans notre exemple précédent, l'objectif du module 1 peut être « connaître les natures de cheveux et être capable de conseiller des coupes différentes selon les natures » (savoir + savoir-faire) ; celui du module 2 : « Être capable d'utiliser à bon escient ciseaux, rasoir, tondeuse et peigne » (savoir-faire) ; ceux des modules 3, 4 et 5 sont également du savoir-faire.

Certains modules peuvent avoir uniquement des objectifs de savoir ou de savoir-faire. Exemple : « Connaître la place du marketing dans l'économie mondiale depuis 1950 » peut être le premier module de notre stage « Initiation au marketing pour les demandeurs d'emploi ». C'est un objectif de savoir.

Rares sont les modules qui ont exclusivement un objectif de savoir-être. Le comportement s'acquiert plus par la juxtaposition des modules que par un module précis : on arrivera à « être plus à l'aise vis-à-vis de l'ordinateur » à force de s'entraîner à saisir des textes et des graphiques, à imprimer ou à jouer.

Le découpage en modules est le moment le plus délicat de cette méthode. En effet, nombreux sont les formateurs qui, se laissant entraîner par leur connaissance du sujet, oublient les contraintes de population et les objectifs généraux du stage et créent un séminaire inadapté. Le découpage en modules et sous objectifs est indissociable des autres étapes.

## ÉLABORER LA PROGRESSION PÉDAGOGIQUE DE CHAQUE MODULE ET CHOISIR LES ACTIVITÉS (Techniques pédagogiques)

Il suffit simplement de découper chaque module en trois temps : découverte, démonstration, application. Je rappelle, dans le tableau suivant, les techniques que vous pouvez utiliser pour chaque temps.

| DÉCOUVERTE | DÉMONSTRATION | APPLICATION |
|---|---|---|
| Représentation | Exposé | Sous-groupe |
| Sous-groupe | Démonstration | Test |
| Tour de table | Film, diaporama | Cas |
| Question-réponse | | jeu de rôles |
| Test | | Simulation |
| Brainstorming | | Tour de table |
| Test essais/erreurs | | Exercice d'application |

Cette phase est donc une sorte de jeu de construction dans lequel on a le choix entre plusieurs formes et couleurs de briques pour édifier une maison en respectant l'ordre des travaux : fondations, murs, toiture.

Il vaut mieux limiter le nombre de modules mais faire en sorte que les objectifs des modules traités soient atteints. Résistons à l'influence du courant traditionnel, utilisé en formation initiale : donner un maximum de connaissances puis s'en laver les mains.

Un étudiant pourra toujours réviser, bachoter en groupe, fouiller les bibliothèques. Un adulte qui travaille n'en a pas le temps. La formation continue doit permettre aux adultes de progresser au maximum pendant le stage afin de les inciter à continuer leur autoformation.

Un stage dont on sort en disant : « C'est super, on a appris beaucoup de choses mais il faudra relire les notes sinon on va oublier », est un stage qui a peu de chance de créer des changements dans les compétences et les comportements des formés. Et la progression ternaire est la plus sûre garantie de l'atteinte des objectifs. Dans cette phase on imaginera également les cas, jeux et exercices que l'on pourra faire à chaque étape, dans chaque module. On essaiera d'utiliser le maximum de techniques différentes afin de varier les activités et d'éviter la répétition d'un module à l'autre.

Exemple :

**Stage « Initiation à la coupe de cheveux »**

MODULE 1 : les différentes natures de cheveux et leurs réactions à la coupe

*Activité 1* : heuristique - exercice de réflexion en binôme
Faire circuler des échantillons de cheveux, les qualifier, conseiller un type de coupe.

*Activité 2* : démonstrative - exposé + diaporama :
les six grands types de nature de cheveux et les coupes à faire et à ne pas faire.

*Activité 3* : test individuel écrit
Dix schémas de visage et de coiffure et leur descriptif de nature de cheveux, conseiller et déconseiller deux coupes.

## RÉDIGER LE FIL ROUGE, INDIQUER LE TIMING PRÉVISIONNEL, VALIDER LA PROGRESSION PÉDAGOGIQUE DES MODULES EN FONCTION DES TIMINGS ET DES RYTHMES JOURNALIERS

Tout le travail réalisé précédemment va s'organiser sous forme d'un tableau sur lequel on indiquera la durée approximative de chaque activité.

On scinde la journée en quatre parties de quatre-vingt-dix minutes environ : avant et après les pauses du matin et de l'après-midi, et on fait rentrer les activités dans les plages de quatre-vingt-dix minutes.

Par expérience, je peux dire que pour chaque période de quatre-vingt-dix minutes on peut prévoir trois activités de trente minutes environ, donc une progression pédagogique — un module — par quatre-vingt-dix minutes. Ce découpage est bien sûr théorique car, comme nous l'avons vu, certains modules ont des objectifs de savoir-faire plus importants que d'autres et nécessitent donc deux ou trois activités applicatives à la suite.

On peut dire que 12 activités par jour est le nombre maximum (3 fois 4 périodes de quatre-vingt-dix minutes). Le fil rouge permet également de vérifier que l'on respecte les principes de biorythmes : pas d'exposés après déjeuner, commencer chaque jour par un exercice de réactivation de la mémoire, finir par une activité d'application, etc.

Souvent, lorsqu'on arrive à cette étape, on doit modifier la progression pédagogique d'un ou deux modules, ou l'ordre des modules ou la durée du stage pour « faire rentrer le pied dans la chaussure ».

Avec l'habitude, un formateur pédagogue en état de compétence inconsciente sent intuitivement si son conducteur « marche » ou pas.

Mais, encore une fois, il est nécessaire de s'astreindre à passer par ces six étapes — compétence consciente — pour intégrer la méthode et ainsi s'en libérer.

### RÉDIGER LES DOCUMENTS

Le stage est maintenant « ficelé ». Il reste à formaliser les différents documents qui seront utilisés avant, pendant et après le stage : cahier des charges, convocations, fil rouge « au propre », conducteurs d'exposés ou de démonstration, fiches de lancement d'exercices, fiches de cas, tests, simulations, jeux de rôles, grille d'appréciation, plans d'action individuels, questionnaires d'évaluation.

Je vais maintenant vous proposer des modèles pour ces différents documents.

## 2 Les documents d'un stage

Chaque formateur a ses « trucs » : les uns rédigent tout, d'autres sont les champions des petites fiches chères aux présentateurs de télévision. Ces documents doivent être conçus avec rigueur pour en faciliter l'utilisation.

On peut distinguer trois sortes de documents : les documents remis au commanditaire du stage ; les documents du formateur ; les documents destinés aux formés.

## LES DOCUMENTS REMIS AUX COMMANDITAIRES DU STAGE

L'AFNOR coordonne depuis 1991 les travaux d'experts du monde de la formation pour élaborer des normes de qualité pouvant servir de référence. Aujourd'hui, trois commissions travaillent, l'une sur la terminologie, l'autre sur la demande de formation, la troisième sur l'offre de formation. Ces deux dernières proposent des modèles de cahiers des charges élaborés par les responsables formation lorsqu'ils recherchent des partenaires internes ou externes pour créer ou animer des sessions de formation ainsi que des modèles de documentation, catalogue, proposition émise par les organismes et centres de formation.

Le canevas de proposition présenté ci-après est tiré des travaux de la commission « Offre de formation de l'AFNOR » XZ50 (Norme X 50-760).

Qu'elle soit rédigée par un partenaire interne ou externe, cette proposition est en quelque sorte le synopsis et le plan de tournage du stage. C'est la présentation détaillée de la réponse que fait le formateur à la demande qu'on lui a adressée.

Elle comprend les paragraphes suivants :

• *Situation :*

Résumé de toutes les informations dont on a tenu compte pour concevoir le stage : historique, activités, culture et organisation de l'entreprise, situation du groupe à former, stratégie dans laquelle s'inscrit l'action de formation, autres actions préalablement entreprises et résultat...

• *Population concernée et prérequis :*

Profil, âge, métier, formation, niveau de la population à former. Prérequis nécessaires éventuellement.

• *Thème et objectifs généraux du stage :*

En termes d'« être capable de... »

• *Durée, horaires et dates*

• *Nom, profil et expérience de l'intervenant*

• *Programme :*

Thèmes et objectifs des modules. On peut, ou non, indiquer les demi-journées dans lesquelles se déroulent les modules. Attention toutefois à ne pas enfermer le formateur dans un carcan trop rigide.

• *Pédagogie :*

Types d'activités et de progression pédagogique choisis, outils et documents pédagogiques utilisés ou remis.

• *Clignotants :*

Indicateurs montrant l'atteinte des objectifs. Tous les stages ne peuvent pas disposer de clignotants, notamment dans les formations comportementales.

• *Travaux préalables au stage :*

Audits, interviews, recherches, créations éventuelles.

• *Devis*

Il n'est pas nécessaire que cette proposition soit remise aux stagiaires. En effet, un document trop détaillé, notamment en matière de programme, empêche le formateur de coller aux attentes des participants et à ceux-ci d'exprimer librement leurs objectifs.

Ce document n'est ni un contrat, ni une convention, c'est une base de travail sur laquelle commanditaire et prestataire peuvent se mettre d'accord.

Plus le document est précis, plus la relation qui s'établira entre les deux parties sera fondée sur des bases factuelles et rigoureuses.

## LES DOCUMENTS PROPRES AU FORMATEUR

### Le fil rouge

S'il ne doit avoir qu'un seul document, ce sera le fil rouge, véritable tableau de bord du stage. Présenté de façon graphique, écrit lisiblement, il doit permettre au formateur de visualiser d'un coup d'œil une demi-journée ou une journée, ou de l'utiliser pour respecter l'enchaînement des activités, pour garder en mémoire l'ordre, l'objectif et le timing des modules.

Voici un exemple :

| Horaire | Thème du module | Technique pédagogique (activité) | Outil pédagogique | Objectif pour le stagiaire |
|---|---|---|---|---|
| | | | | |

Chaque formateur a sa manière de faire son fil rouge. Celle-ci plaira aux visuels et aux synthétiques.

### Les conducteurs

Les conducteurs sont des sortes de plans utilisés par le formateur en phase démonstrative pour le guider pendant ses exposés et démonstrations. Ils sont détaillés dans le tome 1.

### Les fiches d'activités

Très utiles pour les formateurs débutants, elles reprennent, pour chaque activité heuristique ou applicative, les informations à donner lors de leurs lancements et de leurs analyses. Elles évitent ainsi les introductions d'exercice hésitantes et incomplètes qui empêchent le bon déroulement du jeu. Le formateur chevronné, qui connaît par cœur les phrases de lancement des tours de table, sous-groupes et autres jeux de rôles, pourra s'en passer.

Présentées sous forme de fiches bristol, une par activité, elles peuvent s'organiser de la façon suivante :

• LANCEMENT

Titre du module :

Type d'activité : (tour de table, brainstorming, sous-groupes...)

Durée :

Règles du jeu :

Thème de l'activité ou questions à poser :

Résultats attendus :

Suites de l'activité :

• DEBRIEFING

Type d'activité pour le debriefing : (tour de table, binômes, questions, réponses...)

Exemples de questions :

- Quelles conclusions tirez-vous de cet exercice ?
- Comment avez-vous vécu cet exercice ?
- Vos points positifs ?
- Vos points à améliorer ?
- Qu'auriez-vous aimé faire ?

• ENCHAÎNEMENT : (phrase de transition avec l'activité suivante).

## LES DOCUMENTS DESTINÉS AUX STAGIAIRES

Tous les documents remis aux stagiaires avant ou après le stage participent beaucoup à la qualité pédagogique du stage. Ils doivent donc être particulièrement soignés dans leur conception, leur mise en page et faire preuve de clarté et de concision.

## La convocation-invitation

Rédigée le plus souvent par les responsables formation dans le cadre de stage intraentreprise, elle peut l'être également par le formateur. Trop souvent considérée comme un simple formulaire administratif, la convocation-invitation a un impact très important sur la motivation des stagiaires et l'émergence de leurs objectifs. C'est donc une étape qu'il ne faut pas négliger.

Quel que soit le style de rédaction et de mise en page, une convocation-invitation comporte nécessairement sept à neuf types d'information :

• les formalités d'expédition : date de l'envoi, destinataires (liste des stagiaires), expéditeur, personnes en copie.

• le titre du courrier : invitation au stage (indiquer clairement le titre du stage).

• les informations pratiques : dates, horaires, lieu, plan d'accès, repas et pauses.

• les objectifs généraux du stage : en termes de connaissances, compétences, comportements avec une phrase indiquant que le stage est susceptible d'évoluer en fonction des attentes exprimées par les participants.

• le programme du stage : titres succincts des différents modules.

• la pédagogie utilisée (sans entrer dans les détails des techniques et outils utilisés, présenter en quelques mots le style de pédagogie et de documents remis).

• éventuellement la stratégie dans laquelle s'inscrit cette formation (rappel des orientations de la politique de formation).

• éventuellement les prérequis, travaux préalables, documents à apporter, en expliquant brièvement leur utilité.

• formule de politesse ou demande de confirmation de la venue avec nom et numéro de téléphone d'un correspondant.

## Les documents de contenu

Plusieurs écoles s'affrontent : ceux qui donnent tout au début du stage, ceux qui donnent tout à la fin, ceux qui mélangent. Je préfère les formules intermédiaires : en début du séminaire les stagiaires reçoivent un document — si possible sous forme de classeur à anneaux permettant une plus grande souplesse d'utilisation — contenant le programme du stage et la composition des modules, puis une série de feuilles blanches sur lesquelles ne sont notés que les titres des modules ou des sous-modules, puis une bibliographie. Cette manière de faire facilite la mémorisation par la prise de notes.

Au fur et à mesure du déroulement du stage, je remets aux participants, après chaque exposé, une fiche de synthèse. Ils peuvent également insérer des fiches d'exercices. Cette méthode demande beaucoup de rigueur : ne pas oublier de distribuer les documents au bon moment, informer les stagiaires si on change l'ordre des modules, etc. On peut également envoyer, quinze jours après le stage, des documents complémentaires, fiches techniques, tests, exercices, extraits de presse, permettant de réactiver la mémoire et de continuer l'apprentissage.

**Les documents d'activités**

Cas, grilles d'exercices, fiches de rôle, grilles d'appréciation (voir exposé 3).

**Les plans d'action**

Un stage réussi est un stage qui dure dans le temps. Le plan d'action individuel peut contribuer à cette pérennité. Rempli pendant la dernière demi-journée du stage, il compile toutes les grilles d'appréciation des exercices faits par le stagiaire afin de dresser un diagnostic global des performances débouchant sur un plan d'action et un calendrier. Il peut se présenter ainsi :

DIAGNOSTIC

| Modules | Exercice | Points positifs | Points à améliorer | Techniques à appliquer |
|---|---|---|---|---|
| | | | | |

PLAN D'ACTION

| Actions à mettre en œuvre | Délai | Date butoir | Indice de mesure de la réussite | Techniques et moyens à utiliser |
|---|---|---|---|---|
| 1.<br>2.<br>3. | | | | |

Il est utopique de prévoir plus de trois actions à mettre en place. Ces actions doivent être réalistes, mesurables et concrètes, suivre un calendrier et être assorties d'indices de mesure. Le plan d'action peut être remis au formateur pour qu'il assure un suivi personnalisé des formés. Par contre, il ne peut être remis à personne d'autre (hiérarchie...) sans l'accord formel du stagiaire.

**Le questionnaire d'évaluation :**

Remplir un questionnaire d'évaluation est, comme la feuille de présence, une obligation légale. Chaque organisation a son style de questionnaire : en étoile, en questions ouvertes ou fermées, il porte en général au minimum sur quatre thèmes :

- l'organisation logistique,
- l'animation et la pédagogie,
- l'adéquation entre les objectifs individuels et le contenu,
- l'utilisation dans la vie quotidienne de ce qui a été appris.

Voici ci-contre un exemple de questionnaire pour un stage interentreprises.

L'évaluation dite « à chaud » faite en fin de stage et en présence du formateur est rarement négative. Plus intéressant est le questionnaire envoyé « à froid » deux mois après le stage, assorti d'un test de connaissances et d'une demande de bilan du plan d'action.

Les documents de stage sont la partie émergée de l'iceberg. C'est la concrétisation du savoir-faire d'un pédagogue. À la simple lecture d'une proposition ou d'un fil rouge on peut analyser l'expérience pédagogique d'un formateur : respect de la progression pédagogique et des conditions d'apprentissage, définition des objectifs, adéquation entre les activités et les phases d'apprentissage, réalisme du timing, respect des rythmes, appartenance à l'un ou l'autre des courants de la pédagogie.

## ÉVALUATION DE STAGE

*Nous vous demandons de remplir cette feuille d'évaluation de la façon la plus claire : écriture, choix des mots, niveaux d'appréciation.*

*Nous vous suggérons de parcourir le questionnaire en entier avant de le compléter.*

*Si certaines questions ou formulations vous semblent mal adaptées ou sont absentes, exprimez-vous librement sur ces points dans les parties réservées aux commentaires personnels.*

LE STAGE

. Titre du stage : ..............................................................................................

. Date du 1er jour du stage : ...............................................................................

. Nom de l'animateur :.........................................................................................

VOUS

❑ Madame ❑ Mademoiselle ❑ Monsieur

. Nom : ....................................Prénom : .........................................................

. Poste occupé :...................................................................................................

. Adresse personnelle (facultatif) : .......................................................................

..........................................................................................................................

. Téléphone (facultatif) :.......................................................................................

VOTRE SOCIÉTÉ

. Raison sociale : .................................................................................................

. Adresse : ...........................................................................................................

..........................................................................................................................

. Téléphone :........................................................................................................

. Nom du responsable de formation : ...................................................................

ou du directeur des ressources humaines : ...........................................................

.../...

VOTRE OPINION SUR LE CONTENU DU STAGE

. Quels sont les thèmes que vous auriez souhaité voir plus développés ? ....................
..........................................................................................................................
..........................................................................................................................
..........................................................................................................................

. Quels sont les thèmes que vous auriez souhaité voir moins développés ? ................
..........................................................................................................................
..........................................................................................................................
..........................................................................................................................

. Quels sont les thèmes que vous auriez souhaité voir ajoutés ? ..................................
..........................................................................................................................
..........................................................................................................................
..........................................................................................................................

PENSEZ-VOUS POUVOIR METTRE EN PRATIQUE DANS VOTRE ACTIVITÉ CES CONNAISSANCES NOUVELLES ?

OUI : ..........................PEUT-ÊTRE :..............................NON : ..................................

. Lesquelles en particulier ? .........................................................................................
..........................................................................................................................
..........................................................................................................................
..........................................................................................................................

QUE PENSEZ-VOUS DE LA PÉDAGOGIE DU STAGE ET DE SON ANIMATION ?
..........................................................................................................................
..........................................................................................................................
..........................................................................................................................

QUELS COMMENTAIRES SOUHAITEZ-VOUS AJOUTER ?
..........................................................................................................................
..........................................................................................................................
..........................................................................................................................

# 3 On ne s'improvise pas pédagogue...

C'est la conclusion que m'inspire ce quatrième exposé. Comme un skipper de bateau, un formateur doit intégrer de nombreuses données pour être capable d'amener son navire à bon port dans un laps de temps prédéterminé. Bien sûr, de nombreux formateurs sont intuitivement pédagogues et « sentent » tout ce qui détermine une progression pédagogique sans pour autant le formaliser. Mais, pour quelques doués de nature, combien d'échecs, d'angoisses, de douleurs aussi bien chez le formateur que chez les formés, par manque de savoir et de savoir-faire en pédagogie. Les enseignants de formation initiale en sont les premières victimes.

On peut rétorquer qu'à vouloir tout mettre en forme, en grille, en plan et en méthode, on perd la spontanéité, le contact avec les formés, le naturel. La réponse est catégorique : non. On peut illustrer cela par les phases d'apprentissage et de multiples métaphores : combien de pliés, de jetés, d'entraînements à la barre (compétence consciente) le danseur doit-il faire pour qu'explose sur scène tout son talent, avec un naturel époustouflant (compétence inconsciente) ? Combien d'heures et avec quelle minutie les comédiens et les comiques répètent-ils leurs spectacles pour que cela paraisse totalement frais et spontané le jour de la première ?

La pédagogie aussi cela s'apprend, se mâche, se digère pour pouvoir un jour, comme les grands cuisiniers, réaliser des mets de rêve sans toucher à un livre de cuisine.

# Cinquième exposé

## COMPRENDRE LES PRINCIPES D'ANIMATION ET LES TYPOLOGIES DES APPRENANTS

Animer est souvent la partie la plus perceptible des habitudes du formateur. Créer un climat convivial, gérer le relationnel, faire vivre le groupe, c'est souvent ce qui se voit le plus dans un stage, et ce dont se souviennent les participants.

L'animation est inséparable de la pédagogie : un stage sympathique, mais sans structure ni progression pédagogique, laissera peut-être une bonne impression, mais ne permettra nullement d'atteindre des objectifs pédagogiques.

À l'inverse, un stage qui respecte les étapes de l'apprentissage mais qui se déroule dans un climat de tension ou d'anonymat ne satisfera pas aux sept conditions d'apprentissage et n'atteindra pas non plus les objectifs.

L'animation n'est pas un don inné. Animer, ce n'est pas seulement être un boute-en-train, avoir une provision de blagues ou s'agiter comme un guignol ; c'est d'abord connaître les principes de la gestion de l'auditoire, ensuite savoir diagnostiquer les différents rôles et fonctions dans un groupe, enfin être capable d'utiliser à bon escient les techniques d'animation et de gestion du relationnel. Certains séminaires doivent, pour atteindre une partie de leurs objectifs, connaître des périodes de climat tendu, conflictuel ou truffé de non-dits. C'est le cas, par exemple, de stages où l'on souhaite faire prendre conscience aux participants de phénomènes de communication en les leur faisant vivre.

Pour réussir ces passages, le formateur doit utiliser les techniques d'animation appropriées et connaître les phénomènes de groupe.

Animer, c'est aussi comprendre pourquoi, certains jours, cela « ne mord pas ». Pourquoi les élèves s'agitent en classe, pourquoi on ne peut maîtriser un chahut, pourquoi on ressort brisé – heureux ou malheureux – de certains séminaires.

Pour intégrer ces notions d'animation, nous allons, comme pour la pédagogie, commencer par brosser à grands traits les éléments théoriques à intégrer, avant d'aborder les techniques opérationnelles.

# 1 Les principes de bon sens

Tous les formateurs, les pédagogues, les enseignants le savent : il existe des principes d'animation qui ne sont écrits dans aucun livre, qui sont implicites, et qui fonctionnent. On se les transmet de bouche à oreille, on les découvre seul devant une classe ou un groupe, on en entend parler sans trop y croire, on les trouve trop simples.

Pourtant il me semble essentiel de rappeler ces principes aux pédagogues confirmés et de les formuler clairement pour les enseignants débutants.

Ils sont au nombre de sept.

## ON NE GÈRE UN PARTICIPANT DIFFICILE QUE S'IL GÊNE L'ÉCOUTE DU GROUPE

Les formateurs, dans leur pratique, sont exposés. Debout, face à leur groupe, parlant, lançant une activité ou répondant à une question, ils développent une hypersensibilité qui les conduit la plupart du temps à interpréter de façon négative le moindre fait ou geste de leurs stagiaires : le participant qui somnole s'ennuie car le propos lui semble mauvais ; deux stagiaires qui discutent entre eux médisent sur le formateur ; une mimique dubitative est aussitôt interprétée comme une violente mise en accusation. Et le formateur, égaré par ces fausses traductions, choisit entre deux solutions : soit il « encaisse » en souffrant, sans intervenir, soit il interpelle directement le stagiaire qu'il considère comme agresseur en le sommant, de façon plus ou moins ironique, de s'arrêter ou de s'expliquer.

Ainsi, nous avons tous rencontré un enseignant, ou un formateur qui, pour faire cesser un aparté, tape de la pointe de son stylo sur le bureau en persiflant : « Vous parlez entre vous, cela doit être intéressant ! Vous pouvez en faire profiter tout le groupe ! »

Après ce type d'intervention, la révolte gronde : soit les stagiaires, infantilisés, se renfrognent et ne participent plus (« puisque c'est comme ça, on se tait, na ! »), soit un des leaders du groupe intervient, souvent violemment, pour défendre ses congénères (« on n'est pas à l'école, ici ! »). Ces deux réactions sont parfaitement logiques. En effet, si le formateur intervient directement sur un ou plusieurs individus qu'il juge dérangeants sans que le reste du groupe ne soit véritablement gêné dans son écoute ou son travail par ces attitudes, il se crée instantanément un effet de solidarité du groupe contre le formateur. Ce phénomène est à rapprocher de celui dit du triangle de Karpmann qui sera développé plus loin.

Il est donc inutile de se concentrer sur quelques individus qui, ponctuellement, développent des comportements gênants exclusivement pour le formateur, et cela pour deux raisons :

- d'abord, l'hypersensibilité développée par le formateur exposé lui fait faire des erreurs d'interprétation et développer une attitude à tendance paranoïaque ;

- ensuite, l'intervention directe fera « plus de mal que de bien ». Il est en effet plus facile pour un enseignant de détourner son regard d'un dormeur que de gérer un groupe entier en rébellion.

Donc le formateur doit se débarrasser de la crispation disciplinaire. Si deux stagiaires discutent entre eux, c'est peut-être qu'ils commentent judicieusement le contenu du stage et non le match de foot de la veille. Et quand bien même cela serait le match... quelle importance ! Nous avons vu dans l'exposé 2, chapitre 4, qu'il existe des rythmes temporels dans une formation et que certaines périodes de la journée ou phases d'apprentissage (incompétence consciente) sont propices à l'agitation. Il faut donc que ces phénomènes aient lieu et il vaut mieux pour la sensibilité du formateur qu'il ne se place pas de lui-même dans la position d'être attaqué.

Si un participant somnole, c'est peut-être que son petit dernier l'a réveillé à plusieurs reprises dans la nuit. Si un autre feuillette son agenda, c'est peut-être aussi qu'il a des soucis personnels. Et tout cela n'a rien à voir avec le formateur.

Le formateur n'interviendra donc, en utilisant les techniques développées dans l'exposé 6, que si le ou les participants difficiles gênent l'écoute du groupe. Le plus souvent même, il n'aura pas besoin d'intervenir (voir principe n°4).

## IL EXISTE UNE SOLIDARITÉ DANS UN GROUPE DE FORMÉS

Comme nous venons de le voir, si le formateur se positionne contre son groupe, le groupe réagira en faisant corps contre lui. Ce phénomène est à rapprocher des réactions face au pouvoir. Le formateur incarne, pendant une durée circonscrite dans le temps, le pouvoir. C'est lui qui décide des activités de la journée, du contenu des modules, de l'organisation du temps.

C'est lui le maître du jeu et c'est donc lui qui représente le pouvoir et le savoir. Si les stagiaires ont le sentiment que le formateur utilise ce pouvoir à des fins disciplinaires, démagogiques, ou pour servir d'autres buts que l'atteinte des objectifs annoncés pour le séminaire, ils développeront une solidarité contre le formateur.

Cette solidarité se manifeste par une cristallisation de la parole sur deux ou trois leaders, par une remise en question systématique des activités pédagogiques, des debriefing, des cas ou de l'organisation.

Cette solidarité est un atout pour le stage. On a vu que la cohésion du groupe était une des conditions d'apprentissage d'un adulte. D'autre part, on sait qu'un apprenant est beaucoup plus facilement convaincu par ses pairs que par le formateur.

On peut donc jouer à favoriser cette solidarité en multipliant les travaux de groupes, nommant un président de séance, laissant les stagiaires seuls pendant certaines pauses ou repas. Cette cohésion sera créée ainsi non pas contre le formateur, mais à côté de lui. Le formateur, nous l'avons déjà dit, n'a pas en effet à porter sur ses épaules l'entière responsabilité du climat de son stage. Laisser le groupe vivre seul ponctuellement, sans lui, ne pas intervenir systématiquement pour gérer un conflit ou maintenir la discipline, c'est la plus sûre façon de faire de la solidarité du groupe une alliée pour le formateur.

## IL EXISTE UN MIMÉTISME ENTRE LE FORMATEUR ET LES FORMÉS

L'expérience le prouve, il n'existe pas de mauvais groupes mais seulement de mauvais formateurs. Cette affirmation est d'une extrême exigence pour les enseignants et elle est malheureusement vérifiée. Certains groupes sont plus ou moins réactifs, certains individus plus ou moins motivés ou réceptifs au thème de la formation. C'est vrai. Mais une chose est sûre, c'est le formateur qui est le magicien de ses formés. C'est pour cela que mes propos sur l'animation prennent place à la fin de ces deux tomes.

Si un enseignant a intégré les techniques de la parole vivante (tome 1), s'il a fait siennes les méthodes pédagogiques et les principes de création d'une formation, alors l'animation lui posera beaucoup moins de problèmes.

Or, bien des formateurs se contentent de faire confiance en leur savoir-être et leurs aptitudes naturelles à communiquer. C'est dangereux. Les jours de fatigue, les nouveaux stages ou les formés réactifs ne se gèrent pas seulement avec de la bonne humeur ou de la bonne volonté.

C'est le formateur qui fait son groupe : respect des conditions d'apprentissage, stimulis oratoires, construction rythmée des journées, alternance des activités témoignent du professionnalisme du formateur et ont une influence positive sur les formés.

Le formateur crée le climat de son stage.

## IL EXISTE UNE AUTORÉGULATION DANS UN GROUPE : IL FAUT LAISSER LE TEMPS AU SAUVEUR D'APPARAÎTRE

Si l'on poursuit le raisonnement abordé avec le premier principe, on arrive au phénomène suivant : si un participant difficile gêne l'écoute ou le travail du groupe, il se trouve toujours un stagiaire pour intervenir et faire cesser le trouble. La difficulté réside dans le fait que, la plupart du temps, le formateur — en brave soldat — ne laisse pas au sauveur le temps de se manifester et part seul au front, faisant alors l'unanimité du groupe contre lui car prenant trop visiblement le pouvoir. Toutes les techniques présentées dans l'exposé 6 seront donc, entre autres, faites pour gagner du temps, combler le silence sans néanmoins intervenir directement et favoriser ainsi l'apparition du sauveur. Ce phénomène s'apparente également à celui dit de Karpmann. Le groupe gère de lui-même ses problèmes relationnels et le formateur a tout à perdre en s'y immisçant trop.

## LA RÉSISTANCE AUX CHANGEMENTS EST NORMALE

La formation est un processus de remise en question de l'acquis et de construction en strates successives. Changer des habitudes ou apprendre des choses nouvelles en les reliant à des choses déjà connues ne se fait ni facilement ni rapidement. La majorité des réactions difficiles pendant un stage est due à ces résistances. Un stagiaire exprimera beaucoup plus facilement un désaccord sur l'organisation d'un exercice qu'il n'avouera être vexé de se découvrir une incompétence consciente après cet exercice. L'état d'incompétence consciente est celui qui génère le plus de manifestations de résistance au changement : « Je n'y arrive pas donc ça ne sert à rien de le faire. » La phase de compétence consciente peut également créer ce type de réactions : « Je n'arrive pas à le faire naturellement donc ça ne sert à rien de le faire ».

Le processus d'apprentissage est une boîte noire pour la plupart des gens en formation. On ne sait pas comment on apprend. Les habitués des études longues savent, par expérience, qu'ils développent leur savoir en écrivant, ou en parlant, ou en récitant. Mais le plus souvent leur propre mode d'apprentissage leur est inconnu et ils subissent leur résistance au changement avec beaucoup de douleur et d'énervement. Expliquer les quatre phases d'apprentissage, présenter les trois temps de la pédagogie – découverte, démonstration, application – permettent de rassurer les stagiaires et de diminuer doucement leurs résistances.

## LE TEMPS EST L'ALLIÉ DU FORMATEUR

Les stages réussis sont toujours trop courts. Le temps est une donnée paradoxale pour l'enseignant. C'est une contrainte dont il doit se jouer : fractionner une journée en activités, suivre les biorythmes pour faire paraître le stage court et intensif et donner le sentiment aux stagiaires qu'ils ne perdent pas leur temps, que le stage est plein et harmonieux comme un œuf.

C'est aussi un atout qu'il doit savoir utiliser dans sa gestion du relationnel : ne pas couper la parole à un stagiaire, attendre la fin de son intervention, prévoir quelques instants de silence avant de répondre, reformuler ou faire préciser pour laisser le temps au sauveur d'apparaître ou au questionneur de trouver lui-même la réponse. Dans 80 % des cas, quand un adulte en formation pose une question, il est capable d'en trouver lui-même la réponse.

Si le formateur, peu psychologue et plein de bonne volonté, a réponse à tout, quelle déception pour les formés !

Un stage n'est pas fait pour que l'enseignant prouve à son public qu'il sait, mais pour qu'il crée les conditions pour que les formés, à leur tour, sachent.

Le temps est pour beaucoup dans cet apprentissage progressif. Ne pas répondre à tout, cela n'est pas une fuite, c'est, au contraire, la pédagogie.

Cet apprentissage de la lenteur, du silence, est très enrichissant. Faire de la durée une alliée, c'est un des principes du jeu de go. Le temps n'est pas une donnée neutre ni passive. Il agit par lui-même, sur le bien-être du formateur, la progression des formés.

## LAISSEZ-LES VIVRE ! LE FORMATEUR EST PLUS DIRECTIF SUR LA FORME QUE SUR LE FOND

Ce dernier principe de bon sens résume tous les autres. Il faut laisser vivre les formés adultes : parler s'ils le souhaitent, penser à autre chose, discuter entre eux, etc. Cela ne signifie pas être un adepte de la non-directivité, bien au contraire.

Le formateur doit être directif sur la forme, c'est son métier : annoncer et faire respecter les objectifs et le fil rouge, appliquer à lui-même et aux stagiaires une grande exigence sur le déroulement des activités, mener sa barque à bon port. Mais il n'a pas à maintenir sur le groupe une pression disciplinaire qui n'est que le reflet de ses propres problèmes vis-à-vis de l'autorité. La meilleure des autorités est celle de l'exemple, pas celle du cri, ni de la pression.

Il n'a pas non plus à démissionner, à laisser flotter en permanence des flous propices à la désagrégation du groupe.

Ces principes de bon sens ont pour objectif de relativiser les difficultés relationnelles que les formateurs peuvent rencontrer dans les stages. Les apartés, les agressions, les reculs, les désintérêts, les conflits, c'est normal. Ce n'est pas la faute du formateur. Ce n'est pas non plus tourné contre lui. Cela fait partie de phénomènes individuels ou de groupes parfaitement normaux en situation d'apprentissage.

Les principes de psychosociologie sont issus de la même logique.

# 2 Les principes de psychosociologie

« Tartes à la crème » de la pédagogie, ils sont connus de tous les formateurs et ont été détaillés dans de nombreux ouvrages. C'est pour cela que nous avons choisi de les traiter ici de façon succincte, en présentant des exemples les illustrant.

## LES BESOINS DES INDIVIDUS EN FORMATION SELON LA PYRAMIDE DE MASLOW

En 1954, Maslow a recensé les besoins fondamentaux des individus et les a rassemblés sous la forme d'une pyramide, par ordre d'importance.

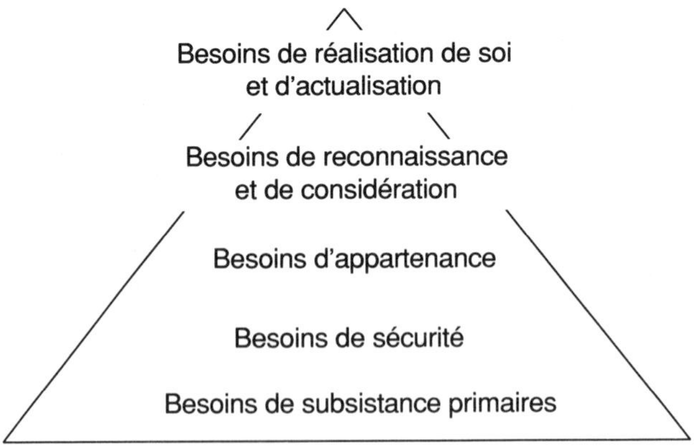

À la manière de Maslow [1], on peut construire la pyramide des besoins des adultes et des adolescents en formation :

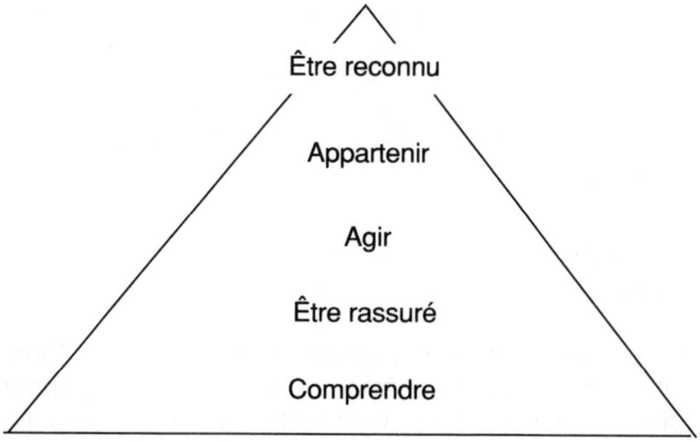


**Le premier besoin est : comprendre**

Je parle ici d'une compréhension au sens large : comprendre les propos, bien sûr, c'est-à-dire le vocabulaire employé par le formateur, les exemples et les comparaisons choisies (voir tome 1). Comprendre la logique de la formation : les enchaînements entre les modules, l'ordre des thèmes abordés (voir tome 2, exposé 2). Comprendre les objectifs du séminaire, le résultat attendu.

La meilleure façon de se rendre compte si le besoin est satisfait, si l'apprenant a compris tout cela, est de lui demander de l'expliquer : faire lui-même une synthèse après l'exposé de l'enseignant, accomplir des exercices de réactivation de la mémoire en retrouvant le fil logique du stage, reformuler les objectifs à un stagiaire qui arrive en retard.

Si le besoin de compréhension n'est pas satisfait, le formé le manifestera par des réactions de désintérêt progressif vis-à-vis du stage et reculera dans une attitude solitaire ou par des remises en question permanentes des activités du stage : « Ça ne marche pas » ; « ça ne sert à rien » ; « c'est pas vrai pour nous. » Inutile donc de répondre à ce type de remarque en argumentant avec force sur le bien-fondé du stage, il faut de toute urgence clarifier les points incompris du stagiaire.

**Le besoin d'être rassuré est particulièrement important en formation**

La matière enseignée est angoissante comme une destination inconnue et le stage comme un long voyage. Amorcer les objectifs, expliquer la pédagogie, clarifier les exercices, jouer la transparence est l'une des meilleures façons de rassurer les formés.

---

1 A.N. Maslow, *Vers une psychologie de l'être*, Paris, Fayard, 1972, Les premiers travaux de Maslow sont parus en 1954, aux Etats-Unis, sous le titre : *Motivation and Personality*, 2e éd., New York, Harper and Row.

### Le besoin d'agir n'est plus à démontrer

La pédagogie ternaire est fondée sur deux tiers d'action chez le formé, un tiers chez le formateur. Un stagiaire qui reste passif – sans agir, parler ni bouger, plus de deux heures – deviendra un stagiaire difficile. Le besoin d'agir se manifeste souvent par des questions pernicieuses, des railleries sur un point de détail de l'exposé du formateur. Là encore, inutile de répondre : on s'attaque à la partie émergée de l'iceberg. Mieux vaut s'occuper de l'immergée et casser le rythme par une pause ou une activité en sous-groupes, ce qui les fera bouger et s'exprimer entre eux.

### Le besoin d'appartenance est l'une des clés des climats conviviaux de certains stages

Un stagiaire exclu du groupe reportera sa souffrance sur le formateur, soit en l'agressant, soit en cherchant à le séduire et à créer une relation d'intimité avec lui : deux situations désagréables pour le formateur. Le stagiaire qui se sent exclu monopolisera la parole pour parler d'un problème personnel, « agrippera » le formateur aux pauses, ou se positionnera comme une victime solitaire et souffrante, loin des autres.

Le formateur ne peut pas satisfaire les désirs d'appartenance de ses stagiaires directement, en intervenant par la parole, mais en favorisant, dès le début du stage, des activités de groupe créant un climat de cohésion, et en mélangeant les sous-groupes de façon à éviter les risques de clans.

Il développera également des situations où le groupe devra se prendre en charge seul : choix d'horaires, de lieux de repas ou autre, sans qu'il intervienne lui-même.

### Le besoin de reconnaissance est la clé de 80 % des problèmes d'animation en stage

La plupart des difficultés relationnelles en situation de formation – inter-formés ou entre le formateur et un ou plusieurs formés – viennent d'une insatisfaction du désir de reconnaissance. « Aimez-moi ! » Ce cri muet du formé est à la source de toutes les tensions. Là encore, il est parfaitement inutile de traiter l'attitude telle qu'elle est objectivement exprimée. Un peu de chaleur, d'amitié et d'attention suffisent : retenir les prénoms et l'identité des stagiaires dès la première matinée, citer leurs propos ou leurs expériences tout au long du stage, sans oublier personne, donner la parole à chacun, nominativement, lors du debriefing d'un jeu, nommer et valoriser les rapporteurs, multiplier les fonctions et les rôles (président, horloge parlante, secrétaire, technicien...) sont quelques « trucs. » Mais ils ne servent absolument à rien et ont même un effet inverse s'ils sont utilisés avec démagogie.

Pour satisfaire le besoin de reconnaissance des stagiaires il faut, et cela, malheureusement, est l'une des rares choses qui ne s'apprend pas, aimer l'Homme. Etre intéressé par l'autre, trouver en lui une source inépuisable d'étonnement, être curieux de celui-ci et oser le lui montrer.

Cette pyramide est à utiliser sous deux aspects :

- pour relativiser les difficultés d'animation, leur donner une explication et les analyser ;

- pour savoir à quoi servent les différentes techniques pédagogiques et justifier leur utilisation pour améliorer le climat relationnel en stage.

## LES PHASES DANS LA VIE D'UN GROUPE

Comme tout organisme vivant, un groupe traverse plusieurs phases pendant la durée de sa vie.

Ces phases peuvent se figurer ainsi :

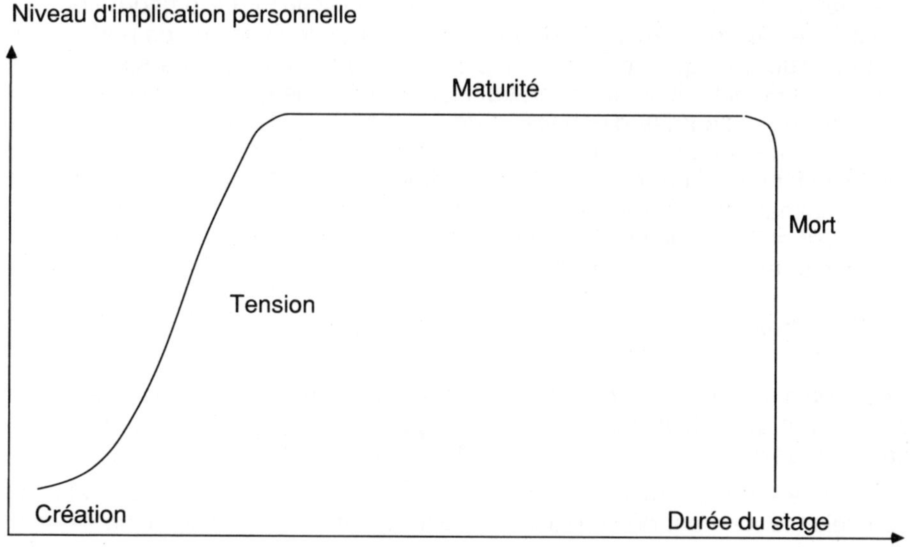


Chacune de ces quatre phases s'exprime différemment en termes de relationnel dans le groupe.

### La phase de création

C'est le début du stage. Les participants n'ont pas encore créé de rapports entre eux en tant que formés. Ceux qui se connaissent d'avant le stage se rapprochent, les autres choisissent leur place selon différents critères, tous sont très dépendants du formateur et attendent ses premiers mots pour se faire une opinion. Cette période est en général assez désagréable à vivre pour le formé ; il se pose une foule de questions, ressent une lourde angoisse face à l'inconnu, se demande « à quelle sauce il va être mangé », quel rôle il va devoir jouer, comment il va être perçu, quel type de rapports va se créer. Il est essentiel que cette phase soit la plus courte possible et que les besoins de reconnaissance, de compréhension et d'action soient satisfaits dans la première heure. C'est pour cette raison que nous avons proposé dans le premier tome un canevas type d'exposé de lancement de stage dans lequel, très rapidement, les stagiaires s'expriment seuls ou à deux (le tour de table de présentation en binôme satisfait en plus le désir d'appartenance).

Au niveau relationnel, la phase de création se caractérise souvent par une atmosphère de gêne, un silence opaque, une tension d'animaux qui s'observent. Il faut trancher cette brume et faire participer tout le monde le plus rapidement possible.

**La phase de tension**

C'est un mal pour un bien. Incontournable, cette phase, souvent située, dans un stage de trois jours, l'après-midi du second jour, permet à chacun de trouver ses marques, d'exprimer son besoin de reconnaissance, de prendre son rôle. C'est la période pendant laquelle va se dessiner toute la galerie de portraits, un peu caricaturaux, que l'on trouve dans un groupe (voir chapitre suivant). Les leaders se détachent, le boute-en-train lance ses bons mots, le bouc-émissaire se dessine. Cette prise d'espace et de fonction se fait souvent en opposition avec le formateur. Les participants se positionnent comme différents de lui, des autres et font tout pour que cela soit clairement compris. Vis-à-vis du formateur, les messages cachés sont : « Aime-moi, je ne suis pas comme l'autre. » Cette phase est agitée relationnellement, parfois conflictuelle. C'est parfaitement normal. Il faut en passer par là pour que le groupe arrive à sa phase de maturité. En effet celle-ci ne pourra être atteinte que si chacun des membres est reconnu par les autres dans ses différences et devient l'une des composantes indispensables du groupe comme l'est l'organe d'un corps.

Pédagogiquement, pour que le moment de tension se déroule le mieux possible, il faut éviter toutes les activités trop passives — exposés — ou n'assurant pas l'expression et la reconnaissance de chacun — débat.

On préférera des exercices en sous-groupes, soit de découverte, soit d'application selon le moment où se place la phase de tension. S'il s'agit d'un exercice d'application, on sera particulièrement vigilant à la clarté et la précision du lancement et on évitera les difficultés trop complexes. Le moment de la phase de tension ne se calcule pas mathématiquement et ne s'inscrit pas dans le fil rouge. Il suffit de savoir qu'elle existe, qu'elle est normale et qu'on peut facilement la gérer. D'ailleurs, avec un fil rouge respectant les phases d'apprentissage et les biorythmes, on ne voit souvent pas passer cette phase.

**La phase de maturité**

Moment béni pour le formateur. Comme indiqué sur la courbe, cette phase est la plus longue du stage. Grâce à la pédagogie ternaire, elle peut être maintenue longtemps. Les participants sont autonomes, chacun est reconnu et a sa place. Le formateur est un guide, il peut se permettre d'être directif sur la forme, non-directif sur le fond. Des mini-tensions peuvent réapparaître si la pédagogie en trois temps n'est pas respectée, ou si les stagiaires sont trop longtemps maintenus en incompétence consciente.

Cette maturité ne peut être atteinte par le groupe qu'après avoir franchi les étapes de la création et de la tension.

### La phase de mort : la fin du groupe

C'est la fin de la formation. Malheureusement, cette étape se déroule parfois en cours de stage : la majorité des participants n'est plus impliquée. Certains font autre chose, d'autres quittent la salle. Plus d'apartés, de conflits, de rires, seulement une atmosphère de fuite lente. Chacun reprend, petit à petit, l'identité qu'il avait avant le stage. Quand ces symptômes apparaissent en fin de formation, tout va bien. Une bonne conclusion, synthèse des synthèses, un au revoir chaleureux et sans regret et tout le monde est content. Par contre, si la « mort » du groupe intervient en cours de stage, le formateur doit réagir.

Souvent, une simple reformulation de l'attitude du groupe suffit (voir exposé 6), suivie d'un débat sur le thème « Que fait-on maintenant ? Je vous propose cela... Qu'en pensez-vous ? ». Le groupe, délivré de son angoisse, prend un nouveau départ. Parfois, le formateur peut reformuler le programme et les objectifs du stage, montrer le chemin parcouru et celui qu'il reste à faire, et donner la parole au groupe pour recueillir son avis.

La phase de mort est douloureuse, même en fin de stage. Si le stage s'est bien déroulé, que le relationnel était chaleureux, tout le monde est triste à la fin. La formation a été une petite parenthèse de détente, d'épanouissement, de bonheur qu'on aimerait prolonger. Mais la douceur de cette parenthèse repose aussi sur le fait qu'on la sait éphémère, comme des vacances, un voyage, une excellente soirée. Le moment de la conclusion est souvent un risque affectif pour le formateur. Il a beaucoup donné et c'est fini. Pour assumer cet instant, le formateur doit être clair avec son rôle et ses motivations, ainsi qu'avec les risques psychologiques de son métier.

Ces quatre étapes représentent un découpage théorique de la vie d'un groupe. Elles n'apparaissent souvent pas aussi clairement. J'ai voulu, en les détaillant, rassurer les formateurs : ils ne peuvent pas tout contrôler ; tout n'est pas « de leur faute » ou ce n'est pas le groupe qui est mauvais. Chaque groupe traverse des moments obligatoires. Un des rôles de l'animateur consiste à mettre en place un climat et un découpage pédagogique qui assureront un déroulement de ces étapes le plus harmonieux possible : une création rapide, une tension courte et peu apparente, une maturité longue et productive, enfin une mort brève et située au moment de la conclusion de la formation.

Selon la durée de la formation, son organisation en modules courts, en heures ou en semaines, la courbe peut prendre une forme différente ou plusieurs courbes peuvent se succéder. La courbe présentée précédemment représente l'évolution théorique d'un stage se déroulant sur un à trois jours.

## LA NOTION DE TRANSFERT

Développé par la psychanalyse, ce concept s'applique également à la pédagogie. Une des conditions d'apprentissage, que nous n'avons pas présentée dans l'exposé 1, est le transfert sur l'animateur. « Transfert : acte par lequel un sujet, au cours de la cure, reporte sur le psychanalyste soit une affection (transfert positif), soit une hostilité (transfert négatif) qu'il éprouvait, primitivement, surtout dans l'enfance, pour une autre personne. Projection, identification. » (Petit Robert).

L'exemplarité du formateur est importante pour le formé. Cette identification a deux conséquences :

- il est utopique que le formateur enseigne un sujet sur lequel lui-même n'est pas formé. Sans être un véritable expert (la seule expertise indispensable du formateur est celle de la pédagogie), il doit néanmoins bien dominer son sujet tel qu'il est circonscrit dans le stage et, surtout, s'il s'agit d'une formation technique ou comportementale, maîtriser les techniques qu'il présente et « incarner » les comportements qu'il préconise. Un formateur de vingt-cinq ans, n'ayant jamais encadré d'équipe, pourra difficilement être un objet de transfert, donc d'apprentissage, pour des cadres de quarante ans souhaitant optimiser leur pratique du management. Cela ne signifie pas que ce formateur est mauvais, ou ne doit pas enseigner le management, mais simplement que les objectifs du stage devront être construits en fonction de son expertise et de sa pratique à lui. Tout le monde ne peut pas enseigner tout. L'alchimie du formateur repose sur trois composantes : la connaissance et la maîtrise du sujet enseigné (savoir et savoir-faire), la connaissance et la maîtrise des procédés pédagogiques et d'animation (savoir et savoir-faire) et enfin l'aptitude à être un objet de transfert pour les formés (savoir-être). Cette aptitude dépend de la personnalité et, surtout, de l'expérience et du vécu du formateur par rapport à la matière enseignée ;

- pour que le formé puisse s'identifier au formateur, ce dernier doit être proche de lui, facilement transposable. Autrement dit, un formateur parfait, ou trop expert, ne pourra être un objet de transfert. La formation se transforme alors en spectacle, ou en « super-conférence » passionnante, intellectuellement stimulante, amusante, pouvant ouvrir de nouveaux horizons, mais ne permettant pas l'appropriation du sujet par les apprenants, ni son intégration dans une pratique personnelle.

C'est le cas pour les formateurs « gourous » : excellents orateurs, experts de leur sujet, connaissant souvent les techniques pédagogiques et d'animation mais rendant impossible l'identification. Ce type de formateur peut même décourager les formés et générer des réactions d'agression qui lui sont totalement incompréhensibles. « Pourquoi cherchent-ils à me coincer alors que ce que je fais est parfait ? »

Tout simplement parce que c'est parfait, donc inatteignable et écrasant, et que cela renvoie aux formés l'image violente et crue de leur incompétence.

Un formateur peut — doit, aimerais-je dire — être parfois fatigué, chercher ponctuellement ses mots, ne pas pouvoir répondre à une question, avoir besoin de se former et le dire, bref, être comme les autres et ne pas craindre de le laisser paraître. Cette affirmation peut sembler provocante à un enseignant débutant, surtout après la lecture de ces deux tomes de techniques, mais elle est également rassurante. Laissez-les vivre, laissez-vous vivre aussi et évitez de tomber dans la névrose du *Moi idéal*.

Tout le monde progresse, marche sur un chemin, le formateur aussi, personne n'est arrivé, le formateur non plus.

C'est à cause de ce phénomène de transfert qu'on ne peut être formateur toute une vie. La pratique, l'habitude des groupes et de leurs réactions, la répétition incessante des mêmes exposés transforment insensiblement, au fil des ans, les formateurs en experts. Certains négocient bien le virage et deviennent conférenciers, conseils ou repartent sur des terrains plus opérationnels. D'autres demeurent formateurs et, progressivement, perdent la fraîcheur et la possibilité d'étonnement qui permet le transfert.

J'ai toujours abandonné les thèmes de séminaires que j'avais complètement intégrés. Je ne peux être un objet de transfert que lorsque je suis moi-même en état de compétence consciente sur un thème de séminaire. À mon avis, la compétence inconsciente du formateur sur le thème qu'il enseigne rend difficile le transfert.

Cette notion de transfert est très délicate et demande d'être longuement réfléchie. Elle interpelle directement le formateur dans sa pratique quotidienne et le fait s'interroger sur ses motivations.

## LE TRIANGLE DE KARPMANN [2]

Karpmann a proposé un système de relations triangulaires intitulé « Triangle de Karpmann ». Ce triangle représente les interactions possibles dans un groupe.

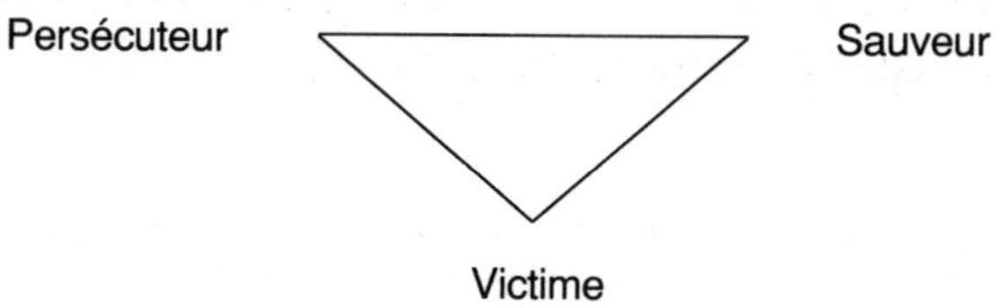


Ce triangle est parfaitement illustré par la structure des pièces de vaudeville : le mari, la femme et l'amant.

Au début de la pièce, la femme est présentée comme une victime, persécutée par son mari ; l'amant se positionne comme le sauveur, interfère dans le jeu sado-masochiste de la femme et du mari, et, à la fin de la pièce, victime et persécuteur se réconcilient sur le dos de l'amant.

De ce triangle, on peut tirer quelques enseignements : si le formateur se positionne comme persécuteur à l'égard d'un stagiaire, il sera contré immédiatement par un sauveur. S'il interfère dans un conflit entre deux stagiaires, et devient ainsi sauveur, il y a de fortes chances pour que les deux participants, gênés dans l'évolution de leur conflit, en veuillent au formateur d'intervenir. La

2. Voir le développement consacré au triangle S.V.P. imaginé par Karpmann, un auteur américain du courant Analyse transactionnelle, dans D. Chalvin, *Les nouveaux outils de l'analyse transactionnelle*, ESF éditeur, Paris, 5$^{e}$ éd., 1993.

meilleure position pour le formateur est celle de victime : il sera toujours sauvé. Cela signifie qu'il ne doit pas contrargumenter face à un objecteur, utiliser des techniques d'écoute (voir exposé 6), prendre son temps, accepter et reconnaître d'avoir peur. Cette non-combativité permet d'éviter les expositions affectives douloureuses et rend les stagiaires autonomes en évitant de prendre parti.

Le triangle de Karpmann offre une grille de lecture amusante des phénomènes qui peuvent se passer entre stagiaires. Cela permet d'éviter quelques erreurs grossières d'attitude et de relativiser les processus manipulatoires qui peuvent exister dans un groupe.

Ces onze principes sont utiles à connaître. Ils permettent, *a posteriori*, de comprendre ce qui s'est passé dans un stage ou dans un cours, de relativiser les problèmes relationnels dans un groupe, d'entamer une réflexion de fond sur sa pratique et sa conception de l'animation. Ils créent une passerelle intellectuelle entre les principes et techniques de pédagogie vus dans les quatre derniers exposés et les pratiques de l'animation que nous aborderons dans l'exposé 6. Enfin, ils expliquent pourquoi, dans un groupe de formés, plusieurs rôles peuvent apparaître, et différentes situations plus ou moins faciles à vivre et à gérer, comme nous allons le voir maintenant.

## 3 Quelques profils psychologiques d'apprenants et quelques situations relationnelles

Tous les formateurs et enseignants se sont un jour ou l'autre amusés à brosser une galerie de portraits caricaturaux des formés qu'ils ont rencontrés. Nous allons nous aussi nous prêter à ce petit jeu et relier les profils aux principes décrits plus haut : tenter d'analyser pourquoi tel ou tel rôle est apparu ainsi. Cet exercice de style est à lire d'un œil amusé. En effet, certains profils sembleront trop caricaturaux ou certaines explications fallacieuses. Toutes les interprétations sont possibles. Voici la mienne.

Petite galerie de portraits : 12 rôles en formation. Chaque participant exprime son droit de reconnaissance en s'octroyant un rôle. Ce rôle peut varier d'un stage à l'autre, d'une journée, d'une activité à l'autre. Il n'y a pas de rôle « bon » ou « mauvais ». Chacun est indispensable à l'agrégation du groupe. Un groupe suit « la loi du cochon » : tout est bon dans le cochon, il suffit de savoir assaisonner.

Nous allons présenter cette galerie sous forme de tableaux, en décrivant le rôle, tentant d'en expliquer la cause et proposant une façon de le gérer.

| RÔLE ET MANIFESTATIONS | POURQUOI ? | COMMENT LE GÉRER ? |
|---|---|---|
| . LE LITTÉRAL<br><br>Très sérieux, attentif, il ne se décourage jamais et comprend rarement.<br>Ses questions sont sérieuses et appliquées et prouvent son incompréhension. Il génère des sourires condescendants et des rires étouffés lorsqu'il s'exprime. | . Besoin de compréhension<br>. Besoin d'appartenance au groupe qu'il exprime par son côté « bon élève ». | . Ne jamais rire à ses questions.<br>. Éviter de le relancer par des questions relais.<br>. Reformuler ses propos en les valorisant.<br>. Ne pas le nommer rapporteur mais horloge parlante ou président.<br>. Le citer souvent pour montrer au reste du groupe que vous ne participez pas à sa « bouc-émissarisation ». |
| . LE CONTRE-LEADER<br><br>Veut prendre la place de l'animateur, fait des commentaires et des rajouts aux exposés.<br>Remet en question. | . Besoin fort de reconnaissance. | . Le nommer président ou rapporteur.<br>. Ne pas le confronter directement.<br>. Lui donner la parole fréquemment et le faire aller « au tableau ».<br>. Lui faire faire les synthèses. |
| . L'EXPERT PINAILLEUR<br><br>Croit connaître ou connaît le sujet mieux que le formateur Discute sur des détails, argumente, trouve des contre-exemples et souvent monopolise la parole au détriment du groupe. | . Besoin fort de reconnaissance<br>. Difficulté à faire le transfert. | . Le nommer secrétaire de séance.<br>. Noter ses incursions comme des données enrichissantes.<br>. Laisser le temps au sauveur d'apparaître.<br>. Le faire gérer par le groupe.<br>(reformulation des propos + appel au groupe). |

| RÔLE ET MANIFESTATIONS | POURQUOI ? | COMMENT LE GÉRER ? |
|---|---|---|
| . LE BOUTE-EN-TRAIN RIGOLO DE SERVICE | . Besoin de reconnaissance et besoin d'appartenance forts. | . Rire de bon cœur.<br>. Ne pas le persécuter.<br>. Le responsabiliser (rapporteur).<br>. Si inefficace, lui en parler seul à seul à la pause. |
| . LES APARTÉS<br><br>Collègues ou amis, ils parlent sans cesse à voix basse. | . Besoin d'appartenance.<br>. Besoin d'agir. | . Baisser progressivement la voix jusqu'au silence sans les regarder.<br>. Se déplacer vers eux.<br>. Se taire et laisser un sauveur gérer. |
| . LE BROUHAHA GÉNÉRAL<br><br>À la fin d'un débat, tout le monde parle en même temps et des conversations s'installent. | . Besoin d'agir.<br>. Phase de tension. | . Se taire, s'asseoir et attendre quelques minutes, puis se relever, aller vers le groupe et, avec une gestuelle ouverte et un regard circulaire, reformuler l'attitude du groupe, proposer un changement d'activité ou une pause et demander l'accord du groupe. |
| . LE CONTRADICTEUR NÉGATIF<br><br>« Ça ne marche pas », « c'est impossible », « c'est inapplicable » : il multiplie les objections. | . Besoin de compréhension.<br>. Besoin de reconnaissance.<br>. Résistance au changement. | . Ne pas contre-argumenter, ni tenter de le convaincre par la parole.<br>. Utiliser les techniques d'argumentation douce.<br>. Lui proposer un contrat.<br>. Le faire travailler en binôme ou le nommer rapporteur. |

| RÔLE ET MANIFESTATIONS | POURQUOI ? | COMMENT LE GÉRER ? |
|---|---|---|
| . LE SÉDUCTEUR «FAYOT» | | |
| Il essaie par tous les moyens de créer une relation directe et intime entre lui et l'animateur. | . Besoin fort de reconnaissance.<br>. Mimétisme et transfert trop important sur le formateur. | . S'expliquer seul à seul à la pause<br>. Le traiter exactement comme les autres.<br>. Rejeter vers le groupe les questions qu'il pose. |
| . L'INDIFFÉRENT «PLANQUÉ» | | |
| Au chaud près du radiateur on ne sait s'il se sent mal ou s'il se désintéresse du stage. | . L'un ou l'autre des besoins.<br>. Phase de mort. | . Il ne gêne pas le travail du groupe, laissez-le donc dormir.<br>. Le citer ponctuellement et observer la réaction.<br>. Éviter de l'interpeller ou de reformuler son attitude. |
| . LE REBELLE PASSIF | | |
| Il indique, par des mimiques et des mouvements d'humeur, ce qui peut passer pour de la désapprobation ou de l'énervement. | . Besoin de reconnaissance.<br>. Phase de tension. | . S'il ne gêne personne, le laisser et éviter de le regarder en attendant le sauveur.<br>. S'il gêne les autres, attendre l'autorégulation et, en cas extrême, intervenir par une reformulation d'attitude et une demande de proposition. |
| . LE PERTURBATEUR | | |
| Il bouge, fait du bruit, entre et sort, se fait appeler au téléphone, arrive en retard. | . Besoin d'agir.<br>. Besoin de reconnaissance. | . Le laisser être géré par le sauveur.<br>. Le traiter seul à seul à la pause en lui rappelant les règles.<br>. Ne jamais lui faire de remarque en public. |
| . LES CONFLITS ENTRE STAGIAIRES | | |
| Une prise à parti violente, un conflit de personnes qui dégénère. | . Problème hors formation.<br>. Karpmann (persécuteur-victime). | . Ne prendre parti pour personne.<br>. Rappeler les règles et différer les conflits.<br>. Laisser un autre participant être sauveur. |

On pourrait multiplier les exemples.

L'intérêt de ce tableau est de montrer le lien entre les comportements et leurs manifestations, les principes de gestion du relationnel et les techniques qu'on peut utiliser, qui vont toutes dans le même sens : ne pas prendre parti, ni accepter, ni condamner, faire résoudre le problème par celui qui en est à l'origine, par un sauveur ou par le reste du groupe, dépassionner le débat, revenir au contenu du stage et satisfaire les besoins de reconnaissance.

L'animation, comme la pédagogie ou la parole pédagogique, s'acquiert progressivement par une connaissance des principes théoriques, l'observation des phénomènes de groupe et des rôles et l'utilisation de techniques. Comme le pédagogue et l'orateur, l'animateur vit plusieurs temps à la fois : le passé – il se remémore ses connaissances théoriques en matière d'animation – ; le présent – il observe ce qui se passe dans le groupe – ; l'avenir – il prévoit les techniques qu'il va utiliser.

# Sixième Exposé

# UTILISER LES TECHNIQUES DE GESTION DU RELATIONNEL EN ANIMATION

Toutes les techniques que nous allons présenter sont la suite logique des principes décrits dans l'exposé précédent. Ces techniques fonctionnent mais, comme pour les techniques pédagogiques, le formateur débutant doit passer par une phase de compétence consciente dans laquelle elles lui paraîtront fort peu naturelles, figées et systématiques.

Après les avoir utilisées « bêtement », le formateur, en compétence inconsciente, les applique sans s'en rendre compte, les forme à son propre langage, les fait siennes.

Nous présenterons trois familles de techniques : les interventions non verbales, les interventions verbales issues de l'écoute active et les techniques d'argumentation.

La galerie de portraits présentée précédemment offre quelques exemples d'utilisation de ces techniques.

## 1 Les techniques non verbales

Dans le tome 1, nous avons longuement parlé de l'utilisation du corps dans le langage pédagogique et de l'aisance physique. Le corps est très utile aussi pour gérer le relationnel et animer un groupe. Sans parler des techniques d'animation issues de travaux de thérapie de groupe (se toucher, se regarder dans un miroir, danser, etc.), l'utilisation du regard, de la voix, de la gestuelle et du déplacement a des effets immédiats sur l'animation d'un groupe.

## LA VOIX

La plupart des enseignants le savent, ou devraient le savoir, inutile de crier pour faire cesser un brouhaha, parler plus fort qu'un agresseur ou dominer un aparté.

Le groupe fonctionne par mimétisme vis-à-vis de l'orateur. Crier a comme seule conséquence l'augmentation du niveau sonore du stage et la dégénérescence en capharnaüm. Par contre, en cas de brouhaha, il suffit de baisser progressivement la voix, voire de se taire, pour que le groupe se régule de lui-même et que le bruit cesse. Face à un participant agressif et autoritaire, le formateur se désynchronise et adopte une voix douce, une intensité faible, un débit assez lent et l'interlocuteur, par mimétisme, adoptera un ton plus neutre.

Parler avec une intonation plutôt basse qu'aiguë, une intensité faible, éviter les « euh », ménager des temps de silence crée instantanément un climat plus serein dans le groupe. On peut s'amuser à faire des expériences de ce type en stage, et on s'aperçoit que le groupe réagit comme un animal, sensible à la voix.

## LE REGARD ET LES MIMIQUES DU VISAGE

Les récents travaux menés par les spécialistes de la PNL [1] ont confirmé que la plus grande partie de la signification d'un message passe par le non-verbal. Le regard peut démentir les paroles. Il est très difficile d'en être conscient et de contrôler ce phénomène. Seul un enregistrement vidéo de l'animation d'un formateur lui permettra de prendre conscience de l'utilisation de son regard. Certains visages très mobiles trahissent les sentiments du formateur à l'égard d'un stagiaire ou d'un autre.

Sans devenir en aucune façon une « machine à former » insensible et robotisée, le formateur porte une grande part de responsabilité dans le climat qu'il crée dans son groupe (principe de mimétisme). Parfois, la meilleure technique verbale n'a aucun effet si un regard courroucé dément les propos.

Lorsqu'on se sait expressif et qu'on ressent un très fort agacement face à un stagiaire, mieux vaut ne rien faire que d'intervenir démagogiquement et se mettre en situation d'inconséquence : exprimer avec les yeux le contraire de ce qu'on dit avec la bouche.

## LA GESTUELLE ET LE DÉPLACEMENT

Comme le regard et le visage, la gestuelle et le déplacement peuvent soit casser, soit renforcer l'effet d'une intervention verbale d'animation. Nous l'avons vu dans le tome 1, la position des mains est significative.

---

1 Voir, dans cette collection, le livre de Dovero et E. Grebot, *Enseigner, former, conseiller avec la PNL.*

Dire « oui, je vous écoute » à un stagiaire tout en le repoussant de la main, paumes tournées vers le sol, prête à confusion, et le groupe retiendra plus souvent l'effet négatif du geste que celui, positif, de la phrase.

Lorsqu'on intervient pour gérer le relationnel en stage, le corps doit être de la partie, pour rassurer le groupe et calmer le formateur. Pieds bien dans le sol, jambes droites, sans déhanchement, épaules baissées, face à l'auditoire, buste redressé et tête droite, le formateur sera parfaitement d'aplomb pour mener à bien sa tâche d'animation.

Face à un aparté, on peut se déplacer légèrement vers ceux qui parlent (si la table est disposée en U ou en V), sans les regarder. La proximité physique les fera taire.

Par contre, face à un contradicteur agressif, attention à ne pas s'approcher de lui. La violation de la distance sociale entre lui et le formateur est un signe belliqueux qui déclenchera les hostilités.

Enfin, en cas de reformulation d'attitude du groupe, le formateur sera bien droit, face au groupe, au centre du U, sans se camoufler derrière une table, avec un regard circulaire et une gestuelle ouverte, paumes vers le ciel, bras légèrement écartés, il symbolise la sérénité et la recherche positive de solutions.

Le formateur peut également, en animation, alterner la position assise, (participation au groupe, non-directivité), et la position debout (prise de contrôle du groupe, arbitrage).

Accord entre le dit et le non-dit, calme, ouverture aux autres, attitude physique ferme et conciliatrice, énergie et respect du groupe. Voilà toutes les significations positives que peut porter le comportement non verbal.

## 2 Les techniques verbales d'écoute

Que dire lorsqu'on gère le relationnel dans un groupe ? Quels mots éviter ? Comment ne pas tomber dans les pièges de l'agression et du laisser-aller ?

En animation, la parole est aussi fine et délicate à prononcer que la dentelle de Calais à coudre.

Si le non-verbal est fondamental, chaque mot compte aussi. Certains termes ont des conséquences désastreuses sur le climat du groupe, déchaînent l'agression ou déclenchent le rejet.

Souvent le formateur, affecté dans sa sensibilité, enchaîne les gaffes comme il enfilerait des perles. Ou alors, paralysé, il ne sait plus quoi dire.

Pourquoi cette introduction apocalyptique ? Parce que chacune des techniques présentées dans ce chapitre est précise.

Une intonation ironique, une antipathie épidermique non contrôlée et il sera inutile d'employer l'une ou l'autre de ces techniques.

Toutes ont un point commun, elles sont fondées sur un postulat de départ : la vérité est dans l'autre et le stagiaire possède la plupart du temps en lui-même la réponse à ses questions, la clé de ses problèmes. Ces techniques jouent la carte du temps : éviter la réactivité d'emblée du formateur — qui, à force de parler, finira toujours par dire quelque chose qu'il aurait fallu taire —, laisser au sauveur du groupe le loisir d'apparaître, donner au stagiaire le temps de trouver en lui la réponse.

Comme nous l'avons vu dans l'exposé 5, la plupart des difficultés relationnelles en stage ont une origine qu'il est aisé de découvrir : résistance au changement, difficulté dans le transfert, phase de tension. Les objections, réflexions, critiques émises par des stagiaires sont donc rarement à traiter dans leur signification première.

Quand un participant dit à un formateur : « Cet exercice est stupide, je ne veux pas le faire », il exprime souvent tout autre chose : « Tu ne m'as pas assez regardé », ou « Je suis assis depuis trop longtemps », ou « Tu es trop parfait », ou « Je suis irrité par cette personne. » Argumenter sur la pertinence de l'exercice ou s'évertuer à convaincre le stagiaire de le faire est donc vain. C'est aussi inutile que de tenter de brancher une prise électrique alors qu'on n'a pas ôté le cache-prise.

Ces techniques servent à ôter le « cache-prise », découvrir la partie immergée de l'iceberg, répondre au non-dit. Elles diminuent l'intensité dramatique des interventions, réduisent l'implication émotionnelle, obligent doucement le formateur à se calmer et à comprendre, le formé à justifier ses angoisses par des faits, à réfléchir.

Issues de l'écoute active (Carl Rogers), elles en suivent les principes : se mettre à la place de l'autre, procéder par étapes, trouver en soi la solution, fractionner la difficulté en petits morceaux, factualiser, faire prendre conscience à l'autre de ses émotions, dédramatiser.

## LE QUESTIONNEMENT

Nous rappelons ci-contre la grille des différents types de questions. Elle facilitera l'utilisation de cette technique.

Ces quatre types de questions sont de véritables outils d'écoute. Elles permettent de gagner du temps et d'amener, doucement, le stagiaire à répondre à ses questions.

Face à toutes les critiques, objections ou remarques acerbes, le premier réflexe est le questionnement.

- Stagiaire/élève : « Je ne veux pas faire cet exercice. »
- Formateur/enseignant : « Pour quelle raison ? »
- S/E : « Je ne comprends pas à quoi il sert et je trouve cela inadapté. »

| TYPES DE QUESTIONS | À QUOI SERVENT-ELLES ? | COMMENT LES FABRIQUER ? |
|---|---|---|
| Questions ouvertes | - faire parler<br><br>- obtenir une réponse développée<br><br>- ouvrir à fond le « robinet de la parole » | - que, quel, qu'est-ce que ?<br>- comment ?<br>- pourquoi ?<br>- de quelle manière,<br>- pour quelle raison ?<br>- parlez-moi de, racontez-moi, expliquez-moi ? |
| Questions miroir | - faire préciser<br>- dédramatiser<br>- faire développer<br>- approfondir<br>- faciliter les associations | - répéter la fin de la phrase ou le dernier mot prononcé par le stagiaire, avec une intonation interrogative |
| Questions relais | - idem que la question miroir<br>- inciter à être factuel | - c'est-à-dire ?<br>- par exemple ?<br>- en quoi... ?<br>- plus précisément ?<br>- qu'entendez-vous par... ? |
| Questions fermées | - vérifier<br>- obtenir une réponse brève | - qui, quand, où, combien... ?<br>- est-ce que et toute question commençant par un verbe<br>- alternative : préférez-vous X ou Y ? |

- F/E : « Qu'est-ce qui est inadapté dans cet exercice ? »

- S/E : « Cela n'a rien à voir avec ce qu'on vit. »

F/E : « Comment devrait être cet exercice pour qu'il vous semble adapté à votre réalité ? »

S/E : « Eh bien comme ceci... ou cela... »

F/E : « Eh bien, ce que je vous propose, c'est de changer le jeu (*au groupe*), qu'en pensez-vous ? », ou alors : « Je comprends, je vous propose de commencer par ce jeu, le suivant est, comme vous le souhaitez, plus comme ceci..., êtes-vous d'accord ? »

Dans ce début de dialogue, on se rend compte que, en utilisant uniquement le questionnement, le formateur amène, doucement, le stagiaire vers un terrain plus positif, tout en respectant ses propos, satisfaisant son désir de reconnaissance et trouvant une solution à son problème.

Si le formateur avait directement contre-argumenté, le résultat aurait été différent et le relationnel se serait envenimé.

S/E : « Je ne comprends pas à quoi sert cet exercice et je le trouve inadapté. »

F/E : « Pourtant, cet exercice a été conçu spécialement pour ce stage. »

S/E : « Ça m'est égal. Je le trouve inadapté. »

F/E : « Écoutez, il faut d'abord commencer par là, avant de faire des exercices plus proches de votre métier. Alors faites-le, et vous verrez, cela ira mieux. »

S/E : Silence énervé ou agression.

Dans ce second dialogue, le formateur n'a pas « ôté le cache-prise ». Il argumente sur des besoins non découverts, comme s'il lançait des flèches sur une cible voilée. Le stagiaire n'a pas de réponse à sa question et le climat s'est dégradé

Face à toutes les difficultés relationnelles exprimées verbalement (objections, critiques...) le premier réflexe est le questionnement. Certains considèrent cela comme une fuite ou une attitude démagogique. C'est un leurre. Questionner demande souvent plus de courage et de capacité à se remettre en question qu'argumenter. Questionner c'est écouter, donc s'ouvrir aux autres, sortir de sa carapace et accepter les suggestions.

À la vue du premier dialogue, certains lecteurs ne manqueront pas de réagir à la dernière réplique du formateur : « C'est risqué. Si l'on doit changer son fil rouge dès que quelqu'un est mécontent... » Il ne s'agit pas de cela.

Dans la première réponse, le formateur demande l'avis du groupe avant de faire la moindre modification. Si le groupe refuse, le participant mécontent, valorisé et « regonflé » par le questionnement du formateur, se ralliera à l'avis du groupe. Si le groupe accepte, le formateur doit faire évoluer son fil rouge. C'est pour cela qu'il est utile d'avoir des activités en réserve. C'est aussi cela, la flexibilité comportementale du formateur : pouvoir, ponctuellement, rectifier une organisation. N'oublions pas que l'important est l'atteinte des objectifs et la garantie d'un bon climat relationnel, l'une ne peut pas exister sans l'autre.

Le questionnement, qui devient la seconde nature des formateurs chevronnés, présente quelques risques. Il ne prive pas le formateur de répondre : après les quelques questions qui ont permis au stagiaire de s'exprimer, se calmer et rapprocher ses propos du concret, certains problèmes attendent néanmoins une solution de la part du formateur. Les stagiaires n'ont pas toutes les clés. On utilisera alors une des techniques plus « argumentatives » afin d'apporter, avec toute la douceur et les nuances possibles, des réponses.

Certaines questions, mal formulées, n'ont d'empathique que la forme et sont de véritables procédés d'influence utiles, certes, mais pas en première réponse. C'est le cas des deux questions suivantes.

| TYPES DE QUESTIONS | À QUOI SERVENT-ELLES ? | COMMENT LES FABRIQUER ? |
|---|---|---|
| Questions suggestives | - influencer<br>- manipuler<br>- amener l'autre à soi en lui donnant l'impression qu'on l'écoute | - questions + réponses : « Pourquoi le trouvez-vous inadapté ? Parce que vous ne le comprenez pas ? »<br>- Questions interro-négatives : « Ne pensez-vous pas que pour progresser, il faut y aller par étapes ? »<br>- Affirmation avec intonation interrogative : «On marche comme ça ?» |
| Questions pièges | - idem<br>- vexer l'autre et lui « rabaisser son caquet »<br>- déstabiliser<br>- mettre à l'épreuve<br>- éprouver, tester | - prêcher le faux pour savoir le vrai : « Dans votre entreprise, vous n'utilisez pas le logiciel X, non ? »<br>- poser une question dont l'autre est censé ignorer la réponse : « Connaissez-vous l'application X 22 Bis ? » |

Le questionnement est un outil de maïeutique (art de l'accouchement). En ce sens, il correspond au courant pédagogique humaniste qui vise à « faire sortir la science du puits ». Ce n'est pas l'arme absolue de la gestion du relationnel, certes, mais c'est la première étape par laquelle le formateur doit passer dans 95 % des cas.

En effet, les interventions des stagiaires sont souvent formulées de façon complexe ou hésitante, ou agressive. C'est parfaitement normal. Ce phénomène a deux origines : d'une part, il est exceptionnel de formuler du premier coup ce qu'on souhaite dire avec les mots exacts. La structuration du langage et celle de la pensée sont quasi immédiates et, à l'inverse de l'écriture, il n'existe pas de « brouillon oral » pour peaufiner l'expression de sa pensée.

D'autre part, en situation d'apprenant, l'adulte voit son expression conditionnée par des facteurs internes et externes spécifiques à l'apprentissage et à la vie de groupe : la résistance au changement, la peur du jugement des autres et du formateur, la crainte de ne pas « y arriver », autant d'éléments qui entourent le discours d'un brouillard d'émotions traduit par une intonation ou des mots violents. Le rôle du formateur est alors de dissocier l'enveloppe émotionnelle du contenu informatif du discours. C'est à cela que sert le questionnement. Un autre outil agit dans ce sens : la reformulation.

## LA REFORMULATION DES PROPOS OU DE L'ATTITUDE

Il peut arriver que le questionnement soit insuffisant ou inapplicable : quand le stagiaire ne veut ou ne peut pas préciser sa pensée par la parole ; quand ce n'est pas le discours du participant qui est gênant, mais son attitude ; quand c'est sur tout ou partie du groupe qu'il faut agir, et non sur un individu.

Dans ces cas, le formateur pourra utiliser la reformulation. Reformuler, tout le monde croit savoir faire. En fait, il existe plusieurs types de reformulation, ensuite une façon de « formuler la reformulation » et, enfin, un art de la reformulation interprétative de l'attitude.

### Les trois types de reformulation

La reformulation la plus simple est la répétition. Reprendre exactement les propos de l'autre permet au stagiaire de se sentir valorisé, au formateur d'intégrer les informations, de les faire siennes, pratiquant ainsi une véritable empathie (se mettre à la place de l'autre).

Le participant, rassuré, enchaînera facilement. Cette reformulation évite le côté parfois inquisiteur du questionnement.

La reformulation-résumé est l'outil idéal pour faire taire un bavard ou synthétiser les propos d'un confus. Le formateur extraie du discours du formé ce qui lui paraît essentiel et le lui renvoie.

La reformulation interprétative s'utilise soit pour gérer un participant ou un groupe dont l'attitude, et non les propos, est difficile, soit pour provoquer, faire sortir de lui-même un stagiaire dont l'intervention semble clairement cacher une signification différente de celle qui est exprimée. Cette reformulation est provocante et peut créer une réaction agressive de la part du formé ou du groupe. C'est au formateur de savoir s'il assume ou non ces réactions. Dans tous les cas, la reformulation interprétative fait bouger les situations, tomber les masques, changer les rôles, ce qui est toujours utile en situation de blocage.

### La « formule » de la reformulation

On ne reformule pas n'importe comment. Reformuler, c'est reprendre les termes de l'autre, les assaisonner à sa sauce personnelle. La moindre des politesses est de lui refaire goûter le plat pour savoir s'il est d'accord avec cette nouvelle saveur. Sans cette relance, la reformulation est manipulatoire. On reformule ainsi en trois temps :

IMPLICATION + REFORMULATION + DEMANDE D'ADHÉSION :

Ce que vous voulez dire + C'est... + N'est-ce pas ?

ou : J'ai l'impression + que... + C'est bien ça ?

Exemple :

*Reformulation interprétative des propos*

- Stagiaire : « Je trouve cet exercice inadapté. »

- Formateur : « Ce que vous voulez dire, c'est que vous ne voulez pas le faire, c'est ça ? »

- Stagiaire : « Ah non, mais on devrait changer les rôles. »

- Formateur : « C'est-à-dire ? » (question relais).

### La reformulation interprétative de l'attitude

- Stagiaire : s'agite sur sa chaise, parle au voisin en regardant ironiquement le formateur, fait des mimiques que le formateur juge vexantes.

- Formateur : « J'ai l'impression que vous souhaitez intervenir. C'est bien cela ? »

À éviter : certaines fausses reformulations du type « Si vous vous agitez, c'est que vous avez quelque chose à dire de certainement intéressant, alors allez-y » qui peuvent rappeler de mauvais souvenirs scolaires.

On peut également reformuler l'attitude d'un groupe entier.

Exemple 1 :

Un groupe manifeste des signes de fatigue et de désintérêt (buste en arrière, pas de prise de notes, regard dans le vague, bâillements étouffés...).

- Formateur : « J'ai l'impression que vous êtes fatigués ? »

- Groupe : « Oui, bof... »

- Formateur : « Je vous propose de faire une pause. On se retrouve dans dix minutes ? »

Exemple 2 :

Un groupe est agité. Brouhaha, discussions diverses, une discussion entre deux camps s'amorce, les leaders apparaissent, d'autres se désintéressent de la situation.

- Formateur : « J'ai l'impression que nous ne sommes pas d'accord et que deux opinions se dégagent. Celle-ci... et celle-là... C'est bien cela ?

- Groupe : « Oui. »

- Formateur : « Je vous propose de laisser de côté cette discussion qui n'a pas un lien direct avec le module dont nous parlons et de la reprendre à la pause. Êtes-vous d'accord ? »

Dans certains cas, la reformulation peut se faire en deux temps seulement. On n'effectue pas de demande d'adhésion. C'est le cas quand on a affaire à un bavard ou pour clore une discussion stérile avec le groupe. Le formateur montre alors son rôle : directif sur la forme et non sur le fond et remet les pendules à l'heure en ramenant l'attention de tous sur le plan : « Ce que tu veux dire, c'est... Je te propose que nous revenions à l'exposé. Nous avons vu que... Et nous allons voir... »

Cette technique ne s'utilise qu'après avoir questionné ou reformulé normalement et quand on a affaire à de difficiles chroniques, ce qui est assez rare.

Le questionnement et la reformulation sont deux techniques verbales de base pour gérer le relationnel en formation, centrées sur les principes de l'empathie, c'est-à-dire écouter le participant, le faire parler, relancer son discours et lui faire trouver lui-même les réponses à ses questions.

Il en existe trois autres.

## LA DEMANDE DE PROPOSITIONS

Face à certains stagiaires négatifs ou critiques, après avoir dégonflé leur ballon d'agressivité en les questionnant (questions ouvertes et relais) ou en utilisant une reformulation interprétative, on peut leur demander clairement de trouver eux-mêmes une solution au problème qu'ils posent, avant d'en donner une, par des questions du type :

- « Que proposez-vous d'autre ? »
- « Que faudrait-il faire pour que cela marche ? »
- « Comment amélioreriez-vous les choses ? »
- « Que préconisez-vous ? »
- « Qu'aimeriez-vous de différent ? »
- « Quelles sont vos solutions ? »

Le formateur tire de la situation plusieurs avantages. Le formé peut parfaitement trouver la solution, s'en convaincre et apporter des idées nouvelles au formateur. Celui-ci gagne du temps pour trouver en lui-même d'autres réponses. Le groupe est impliqué car il cherche lui aussi des solutions.

Enfin, si le formé refuse de participer, le formateur pourra toujours retourner la question vers le groupe et attendre le sauveur.

Cette technique indispensable ne doit pas être utilisée abusivement car elle peut être perçue comme une fuite du formateur. Néanmoins, face au négatif, au critique systématique ou au contradicteur, elle est d'une grande utilité.

## LE DÉTOUR PAR L'IMAGINAIRE

Variante de la demande de proposition, cette technique de questionnement permet à tous ceux qui manifestent négativement leur résistance au changement de se replacer eux-mêmes dans une attitude plus positive.

Les questions sont alors :

- « Et si cela marchait, qu'est-ce que cela changerait pour vous ? »
- « Comment aimeriez-vous que cela soit ? »
- « Imaginons que la situation soit idéale pour vous. Comment cela se manifesterait-il ? »

Moins directives et rationnelles que les questions de demande de proposition, celles-ci aèrent l'esprit du formé, apportent un peu d'oxygène au stage, détendent l'atmosphère et font souvent rire. On peut ensuite enchaîner par une demande de proposition.

## L'APPEL AU GROUPE

Toutes ces techniques d'écoute peuvent s'appliquer à la gestion des situations relationnelles dans les groupes entiers. N'oublions pas que le groupe est une composante fondamentale avec laquelle le formateur peut jouer. Il lui faut éviter de se concentrer sur un seul individu qu'il juge difficile et de transformer le stage en un dialogue entre deux personnes, excluant les autres.

Dès qu'on est las, fatigué ou qu'on ne sait pas répondre, plutôt que de culpabiliser, bluffer ou bafouiller, il suffit de dire au groupe : « Qu'en pensez-vous ? »

Ainsi, le formateur ne sait pas répondre à une question, il dira fort simplement : « Je ne sais pas. Qui sait ? », et jettera un regard circulaire vers le groupe. Soit le sauveur apparaîtra, soit personne ne sait et tout le monde se réjouit d'être au même niveau d'incompétence.

N'oublions pas que pour permettre l'identification, le formateur ne doit pas être parfait.

Après une reformulation, on peut également demander l'implication du groupe.

Enfin, après qu'un participant ait émis une proposition, on demande l'accord du groupe avant de la mettre en application.

Exemple :

- Stagiaire : « Je trouve cet exercice nul. »
- Formateur : « Qu'est-ce que vous n'aimez pas, précisément ? » (question relais)

- Stagiaire : « Le thème. »

- Formateur : « Qu'aimeriez-vous comme thème ? » (demande de proposition)

- Stagiaire : « Un sujet non professionnel. »

- Formateur, au groupe : « Qu'en pensez-vous ? » (appel au groupe)

- Groupe : « Oh non, oui... »

- Formateur : « Je vous propose de voter, qui veut un sujet professionnel ? »

- Groupe : « Moi, moi, moi... »

- Formateur : « Qui veut un sujet non professionnel ? »

- Groupe : « Moi, moi... »

- Formateur : « Bon. Eh bien je vous propose... »

Le formateur modifie alors légèrement son fil rouge. S'il ne le souhaite pas, il ne fait pas voter le groupe et argumente sur le bien-fondé de son exercice à l'aide d'une des techniques d'argumentation.

Toutes ces techniques, centrées sur l'écoute, sont les premiers outils de la gestion du relationnel en stage. Elles permettent de faire tomber les masques, de prendre conscience du non-dit, de dédramatiser, de dépoussiérer les objections de leur enveloppe d'émotions.

Dans 60 % des cas, ces techniques suffisent car les problèmes ont des causes irrationnelles.

Mais parfois, les questions, les critiques, les problèmes demeurent et doivent être résolus.

On utilisera alors des techniques plus argumentatives.

# 3 Les techniques verbales d'argumentation

Les stagiaires attendent qu'un formateur soit, certes, bon communicant mais aussi qu'il s'engage, qu'il réponde, qu'il prouve qu'il connaît le contenu de son enseignement. Le formateur est donc amené à argumenter pour défendre ses techniques, ses choix pédagogiques, ses idées. Pour cela, il a à sa disposition quelques techniques simples mais avant tout il doit éviter quelques erreurs.

## LES PIEGES DE L'ARGUMENTATION

Avant toute autre chose, argumenter demande de comprendre, de se mettre dans la logique de l'autre, et pour cela il faut « ôter le cache-prise », c'est-à-dire questionner (voir chapitre précédent). Mais il est d'autres écueils à éviter.

### Le vocabulaire à éviter

Certains formateurs commencent systématiquement leurs réponses par un « non ». Il s'agit là d'un tic verbal qui n'est pas anodin. Le « non » érige instantanément une barrière entre les deux protagonistes, peut conditionner le formateur à répondre trop vigoureusement, développe, par mimétisme, une forte réactivité chez le stagiaire et, par conséquent dans le groupe. D'autres termes, les mots « boutons », créent une sorte de déflagration chez l'interlocuteur et développent un climat d'agressivité ou sèment l'inquiétude dans le groupe : sont « boutons » les termes trop généralisateurs (toujours, jamais, les gens, tout le monde...), les termes autoritaires (il faut, on doit, ça ne se fait pas...), les termes trop minimisateurs (éventuellement, un peu, peut-être, petit...).

**La contre-argumentation** ( « tous les moyens sont bons »)

Ironiser, ridiculiser, mépriser, prêcher le faux pour savoir le vrai, montrer à l'autre qu'il est incompétent, lui poser une question dont il ignore la réponse, exagérer ses propos en les caricaturant, tous ces procédés sont risqués en formation ; non pas parce qu'ils sont inefficaces, ou méchants mais parce que, par le principe de solidarité et l'effet du triangle de Karpmann, ils créent la solidarité dans le groupe (sauveur) contre le formateur (persécuteur) pour sauver le stagiaire (victime).

D'autres techniques sont plus efficaces et présentent moins d'inconvénients.

## LE RAPPEL DES REGLES DU JEU

Une technique facile pour les formateurs rigoureux.

Dans certains cas d'agitation, de remise en question des activités, d'interruptions systématiques pendant les exposés, de monopole de la parole, le formateur peut rappeler les règles du jeu. Cela n'est faisable qu'à deux conditions : d'une part, que les règles du jeu aient été clairement annoncées en début de stage, d'exposé (voir tome 1, le topo de lancement) ou d'exercice (voir exposé 3, chapîtres 1, 2, 3), et d'autre part, que ce rappel se fasse courtoisement et en utilisant une chronologie du type de celle-ci :

REFORMULATION PARTIELLE + JE COMPRENDS + RAPPEL DES RÈGLES
+ PROPOSITION + DEMANDE D'ADHÉSION

« Vous souhaitez intervenir, je comprends, je vous rappelle que j'aimerais que vous gardiez vos questions pour la fin. Je vous propose donc de les noter sur ce Post-it et j'y réponds en fin d'exposé. D'accord ? »

Chacun transformera cette phrase pour la mettre à son goût mais l'important est que les cinq parties y figurent d'une manière ou d'une autre. Chacune en effet a sa finalité : la reformulation prouve l'écoute et l'attention, le « je comprends » fait preuve d'empathie (on peut comprendre sans pour autant être d'accord), le rappel des règles du jeu fait référence à un contrat tacite qui a été engagé entre les parties (or, en France notamment, la notion de contrat est une valeur forte et respectée), la proposition témoigne d'un effort vers l'autre, la demande d'adhésion symbolise la signature d'un nouveau contrat.

Le rappel des règles du jeu est une façon douce et ferme de faire preuve d'autorité, tout en restant ouvert. C'est parfois utile et toujours fort bien accepté de la part du groupe qui reconnaît là l'image idéalisée de l'enseignant.

## LA CONTRE-ARGUMENTATION DOUCE

C'est, pour les formateurs passionnés par leur sujet et le possédant bien, une manière agréable de contre-argumenter. L'argument est en effet amorti par une phrase introductive. « Oui, je comprends, cependant, je pense que... »

Exemple :

- Stagiaire : « Avec votre méthode, on n'est plus naturel. »

- Formateur : « Oui, je comprends, l'application de cette méthode vous demande de changer vos habitudes et c'est difficile. Cependant, quand vous étiez enfant, vous avez du apprendre à lire, et ça n'était pas naturel alors, pas plus que ne l'est cette méthode. Aujourd'hui, lire vous est naturel. Cela sera de même avec cette méthode, si vous vous entraînez à l'utiliser. »

Cette contre-argumentation douce utilise également la technique de la métaphore (voir plus loin).

Exemple :

- Stagiaire : « Ce stage est inadapté car les exemples choisis ne nous concernent pas. »

- Formateur : « Oui, je comprends, cependant le choix d'exemples issus d'un autre milieu que le vôtre vous permet de vous changer les idées et, par analogie, de les transposer à votre métier. »

Cette technique concerne uniquement la forme de l'argument et ne permet pas de pallier une réponse déficiente. Il faut savoir quoi dire pour utiliser cette technique.

## LE RECADRAGE POSITIF

Par des techniques argumentatives, elle permet d'amener le stagiaire d'un terrain négatif à un terrain positif.

En effet, la plupart des critiques ou objections émises par les apprenants sont l'expression agressive de leurs résistances au changement. Ce sont, dites de façon maladroite, des demandes de précision, de renseignement, le besoin d'être rassuré. « Cette technique ne marchera jamais chez nous » signifie souvent « je ne sais pas comment la faire marcher chez nous ».

Le recadrage positif permet au formateur de faire cette gymnastique à la place du stagiaire.

Ainsi on positivera les objections suivantes :

| OBJECTIONS NÉGATIVES | RECADRAGES POSITIFS |
|---|---|
| . Inadapté | . En quoi c'est adapté |
| . Ne marche pas | . Comment cela marche |
| . Trop abstrait | . En quoi c'est concret |
| . Trop dur à appliquer | . Comment l'appliquer |
| . Pas naturel | . Comment cela peut devenir naturel |
| . Je n'y arrive pas | . Comment y arriver |
| . Pour nous c'est différent | . En quoi c'est adaptable à votre situation spécifique |

Le recadrage positif se formule ainsi :

IMPLICATION + RECADRAGE + ARGUMENTATION

La question que vous vous posez + C'est comment... + Eh bien...

Ce que vous voulez savoir + C'est en quoi... + Eh bien...

Exemple :

- Stagiaire : « Votre technique ne marche pas. »

- Formateur : « Qu'est-ce qui ne marche pas précisément ? » (question relais)

- Stagiaire : « Ça a l'air trop dur à appliquer. »

- Formateur : « La question que vous vous posez, c'est comment appliquer cette technique facilement. Eh bien, nous allons mettre en place ensemble un plan d'action personnalisé, progressif et réaliste. » (recadrage positif).

Comme l'argumentation douce, le recadrage positif ne peut se faire que si le formateur s'est fabriqué une série d'arguments en réponse aux objections les plus fréquentes auxquelles il est confronté.

Vous trouverez dans la partie « applications pratiques » un exercice comportant une liste complète des objections types exprimées en formation.

## LA MÉTAPHORE ET L'ANALOGIE

C'est la façon d'argumenter la plus imagée et souvent la plus expressive.

La métaphore permet, très facilement, de sortir de situations de blocage en utilisant l'imaginaire, de se concentrer sur autre chose que sur le problème posé, d'ouvrir les portes de l'irrationnel.

Une métaphore est « un procédé par lequel on transporte la signification propre d'un mot à une autre signification qui ne lui convient qu'en vertu d'une comparaison sous-entendue ».

L'analogie est « un rapport, une ressemblance d'une chose avec une autre » (Nouveau Petit Larousse).

La métaphore et l'analogie sont utiles pour répondre aux objections dues à la phase de compétence consciente et pour expliquer, simplement, les quatre phases d'apprentissage.

Les « ça n'est pas naturel », « il faut penser à tout en même temps », « on perd le fil car on pense aux techniques et pas au contenu », « c'est trop compliqué » se traitent par l'analogie.

Plus celle-ci est simple, plus elle est efficace.

Plus elle est choisie parmi ce qui façonne la vie quotidienne des stagiaires, plus vite elle atteint son but.

Les trois sources inépuisables de l'analogie sont, pour les adultes, l'enfance, le sport et la conduite automobile.

L'analogie de l'enfant à la bicyclette explique parfaitement les phases d'apprentissage (voir exposé 2, chapitre 2). On peut utiliser aussi celle de l'enfant au biberon : un nouveau-né ne sait pas qu'il ne sait pas boire au biberon (incompétence inconsciente). Un enfant de quatre mois, lorsqu'il tente de saisir le biberon, mais, trop petit encore, le laisse tomber, exprime toute sa rage d'être en incompétence consciente. Un enfant de huit mois se concentre sur ses mains, attrape le biberon, le porte à la bouche, fait des gestes maladroits, il est en compétence consciente. Enfin, un enfant de dix mois n'a même plus conscience des mouvements qu'il doit faire pour prendre son biberon.

On peut comparer les stagiaires, avec gentillesse et humour, à l'un ou l'autre de ces enfants.

Moins infantilisante, l'analogie du permis de conduire répond parfaitement à l'angoisse du stagiaire qui n'arrive pas à tout appliquer simultanément : la première fois que le moniteur d'auto-école nous a appris à sortir d'une place de parking, on pensait que l'on n'arriverait jamais à démarrer, mettre de clignotant, débrayer, passer la première, regarder dans le rétroviseur et embrayer en tournant le volant, tout ça en même temps. Aujourd'hui, on ne se rend même plus compte que l'on accomplit toutes ces tâches. La facilité vient avec l'expérience.

Enfin l'analogie du sport ou du théâtre est parfaite pour répondre aux deux objections traditionnelles : « Ça n'est pas naturel » et « On fait toujours la même chose. » Les tennismen s'entraînent des heures à refaire le même mouvement du bras dans le gymnase pour être excellents le jour du championnat. Thierry Le Luron, dont les spectacles étincelaient de naturel, répétait chacun de ses gags et de ses mouvements des heures durant.

Pour justifier un programme de stage qui va du général au particulier, qui brosse un tableau théorique et rappelle les définitions avant d'aborder les points techniques, on utilisera la métaphore de la tour Eiffel : Il est plus facile de dessiner le plan de Paris du haut de la tour Eiffel qu'en étant assis sur le Champ-de-Mars : les proportions et le plan d'ensemble seront justes. Autrement dit, on ne comprend bien le détail que lorsqu'on a compris la logique du tout dans laquelle il s'inscrit.

Ces quatre techniques d'argumentation sont une façon de formuler les réponses aux objections, mais elles ne peuvent pas être utilisées sans argument. Toutes les recettes du monde ne pourront se transformer en mets goûteux que si les ingrédients existent et sont bons.

Les techniques présentées dans ce dernier exposé ont l'allure de « trucs » et il est difficile d'admettre que des outils aussi simples puissent donner des résultats et ouvrir cette « boîte noire » que sont l'animation et la gestion du relationnel dans un groupe en formation.

Pourtant l'animation est présentée ici comme la pédagogie de l'intégration de connaissances théoriques (les principes d'animation), de l'observation de phénomènes tangibles (typologie de participants) qui découlent de techniques simples, applicables.

Mais l'un ne va pas sans l'autre : sans leurs fondements psychosociologiques, les techniques deviennent des gadgets et, sans être prolongés par des techniques, les principes demeurent un savoir satisfaisant intellectuellement mais sans prise sur le réel.

# CONCLUSION

Trop d'enseignants et de formateurs souffrent de se heurter toujours aux mêmes problèmes, aux mêmes questions : Pourquoi le chahut ? Pourquoi certains ne progressent-ils pas ? Comment faire concrètement de la pédagogie ? Pourquoi les tours de table sont-ils toujours ennuyeux ? Comment perdre le moins de temps possible lorsqu'on conçoit un séminaire ? Que dire à celui qui n'est jamais d'accord ?

La pédagogie et l'animation ne sont ni des « boîtes noires » ni des dons innés mais un savant dosage entre des connaissances théoriques choisies, un sens aigu de l'observation et la maîtrise de quelques techniques opérationnelles.

Le reste, c'est beaucoup d'enthousiasme, une pincée de courage, pas mal de travail, et une bonne dose de simplicité pour mettre en application ce que vous venez de lire.

# BIBLIOGRAPHIE


BAZIN R., *Organiser les sessions de formation*, coll. « Formation permanente en sciences humaines », ESF éditeur, Paris, 4e éd., 1991.

BEAU D., *100 fiches de pédagogie des adultes à l'usage des formateurs*, coll. « EO/Formation permanente », Les Éditions d'organisation, Paris, 1976.

BOURSIER S. *L'orientation éducative des adultes*, éditions Entente, Paris, 1989.

BRAUN A., *Enseignant et/ou formateur*, coll. « Les guides du métier d'enseignant », Les Éditions d'organisation, Paris, 1989.

CIFALI M., MOLL J., *Pédagogie et psychanalyse*, coll. « Sciences de l'éducation », Dunod, Paris, 1985.

COURAU S., *Les outils de base du formateur : parole et supports*, tome 1, coll. « Formation permanente en sciences humaines », ESF éditeur, Paris, 1993.

CLOUZOT O., *Former autrement, apprentissages intellectuels, langage et structuration des connaissances*, Les Éditions d'organisation, Paris, 1990.

CLOUZOT O., *Enseigner autrement, des logiques éducatives à la transparence pédagogique*, Les Éditions d'organisation, Paris, 1989.

DE LANDSHEERE V. et G., *Définir les objectifs de l'éducation*, PUF, Paris, 4e éd.,1984.

DELAIRE G., ORDRONNEAU H., *Enseigner en équipe*, coll. « Les guides du métier d'enseignant », Les Éditions d'organisation, Paris, 1989.

DURKHEIM E., *Éducation et sociologie*, PUF, Paris, 4e éd., 1980.

FEUILLETTE I., *Le nouveau formateur, une démarche pour réussir*, Dunod, Paris, 1989.

HANNOUN H., *Paradoxe sur l'enseignant*, coll. « Sciences de l'éducation », ESF éditeur, Paris, 1989.

LEBEL P., *Audiovisuel et pédagogie, films, diapositives, magnétoscope*, coll. « Formation permanente en sciences humaines », ESF éditeur, Paris, 1979.

LEIF J., *Philosophie de l'éducation*, tomes 1 à 4, Delagrave, Paris, 1966 à 1984.

LIMBOS E., *L'animation des groupes de culture et de loisirs*, coll. « Formation permanente en sciences humaines », ESF éditeur, Paris, 4e éd., 1988.

LOBROT M., *L'animation non directive des groupes*, Payot, Paris, 1974.

MUCCHIELLI R., *Le travail en équipe*, coll. « Formation permanente en sciences humaines », ESF éditeur, Paris, 6e éd., 1993.

MUCCHIELLI R., *Les méthodes actives dans la pédagogie des adultes*, coll. « Formation permanente en sciences humaines », ESF éditeur, Paris, 7e éd., 1991.

NATALIS E., *Carrefours psycho-pédagogiques*, Charles Dessart, Bruxelles, 1970.

PIAGET J., *Psychologie et pédagogie*, coll. « Folio essais », Denoël, Paris, 1969.

NOT L., *Enseigner et faire apprendre, éléments de psycho-didactique générale*, Privat, Toulouse, 1987.

NOYE D., PIVETEAU J., *Guide pratique du formateur, l'art de concevoir et d'animer une formation*, Insep, Paris, 2e éd., 1985.

RACLE G., *La pédagogie interactive, au croisement de la psychologie moderne et de la pédagogie*, Retz, Paris, 1983.

RAVENNE C., *Rechercher et innover en groupe, méthodes à l'usage des cercles de qualité et des groupes de progrès*, coll. « Formation permanente en sciences humaines », ESF éditeur, Paris, 2e éd., 1991.

RESWEBER J-P., *Les pédagogies nouvelles*, coll. « Que sais-je ? », PUF, Paris, 1986.

SCHALCHLI D., *Formation, si tu continues...*, éditions Entente, Paris, 1989.

# LEXIQUE

ACTIVITÉS PÉDAGOGIQUES : Occupations que peuvent avoir les stagiaires ou le formateur pendant le stage. Les différentes séquences d'un stage (exposés, exercices, pauses, discussions) sont des activités. Chaque activité repose sur une technique et s'apparente à une méthode. Dans cet ouvrage, activité est parfois utilisé comme synonyme de « méthode ».

BRAINSTORMING : Technique pédagogique issue de la méthode heuristique permettant au groupe de formés de produire des idées en toute liberté et de se défouler.

CONDITIONS D'APPRENTISSAGE : Circonstances auxquelles est subordonné l'apprentissage d'un adulte. Nous en avons recensé sept. Un adulte apprend d'autant plus facilement que ces sept conditions sont remplies.

COURANTS PÉDAGOGIQUES : Écoles ou façons d'envisager la pédagogie. On distingue quatre courants principaux qui coexistent depuis l'Antiquité: traditionnel, humaniste, comportementaliste et fonctionnaliste. Chaque courant se distingue par la position du savoir (chez le formateur ou le formé) et la dimension affective ou rationnelle développée pendant la formation.

DURÉE D'ACTIVITÉ : Durée pendant laquelle un adulte peut effectuer la même tâche à un niveau optimum de productivité. Cette durée est de vingt minutes si l'adulte est passif (écoute), et de quarante-cinq minutes s'il agit. Cette notion permet de fixer la durée de chaque activité.

EXERCICE DES REPRÉSENTATIONS : Technique pédagogique issue de la méthode heuristique permettant, en début de stage, de faire émerger les connaissances et le ressenti des stagiaires par rapport à la matière enseignée.

FICHE D'ACTIVITÉ : Document du formateur débutant, résumant, sur une fiche bristol, les informations à donner aux stagiaires lors du lancement et de la synthèse d'une activité.

FIL ROUGE : Document du formateur qui, sous forme de tableau, regroupe chronologiquement toutes les activités d'une journée. Le fil rouge comprend plusieurs colonnes : horaires, thème du module, objectif du module, technique pédagogique, méthode pédagogique dont elle est issue, phase d'apprentissage, outil pédagogique. Ce fil rouge permet à un formateur débutant de contrôler que toutes les activités qu'il a choisies respectent bien les contraintes de biorythme, les phases d'apprentissage et permettent l'atteinte des objectifs.

JEU DE ROLES : Technique pédagogique issue de la méthode applicative permettant au stagiaire d'appliquer les méthodes enseignées en se mettant lui-même en situation de simulation ou en jouant un rôle.

MÉTHODE PÉDAGOGIQUE : Famille de techniques qui ont toutes un point commun : on distingue dans ce livre trois types de méthodes: la méthode démonstrative, qui regroupe toutes les techniques dans lesquelles le formateur démontre et les stagiaires écoutent ; la méthode de découverte ou heuristique, qui « fait sortir la science du puits », c'est-à-dire fait découvrir aux stagiaires ce qu'ils savent, savent faire, ou leurs lacunes ; la méthode applicative, qui regroupe toutes les techniques par lesquelles les stagiaires appliquent le savoir-faire enseigné ou restituent le savoir enseigné.

MODULE : Unité d'enseignement. Partie d'un programme de stage. Un programme est divisé en plusieurs modules et chaque module est traité en suivant une progression pédagogique qui dépend de l'objectif du module.

OBJECTIFS PÉDAGOGIQUES : Buts que la formation doit atteindre pour les formés. On distingue trois types d'objectifs: le savoir (connaissances), le savoir-faire (compétences), et le savoir-être (comportement). La rédaction des objectifs est préalable à toute construction pédagogique. Un stage a des objectifs et chaque module en possède également. En fonction de la typologie d'objectif d'un module, on choisira l'une ou l'autre des progressions pédagogiques.

OUTILS PÉDAGOGIQUES (MATÉRIELS PÉDAGOGIQUES) : Matériels que peut utiliser le formateur dans ses activités. La vidéo, le tableau de papier, le rétroprojecteur, les objets, les documents, les jeux de société... sont des outils pédagogiques.

PÉDAGOGIE : Théorie, science de l'éducation des enfants, méthode d'enseignement (Petit Larousse, 1989).

PÉDAGOGUE : Formateur ou animateur concevant personnellement des sessions de formation, mettant au point la progression pédagogique, élaborant les activités et outils pédagogiques, définissant les objectifs pédagogiques.

PHASES D'APPRENTISSAGE : Étapes chronologiques par lesquelles passe un adulte lorsqu'il est en situation d'apprentissage. Quelle que soit la matière apprise, ces quatre phases se déroulent dans l'ordre : incompétence inconsciente, incompétence consciente, compétence consciente et compétence inconsciente. Chaque étape se traduit par des réactions des formés et, notamment, des remarques ou des objections qui peuvent être ressenties comme difficiles par le formateur. La progression pédagogique ternaire respecte ces quatre phases.

PRINCIPES D'ANIMATION : Idées issues soit du bon sens, soit des grandes théories de la psychosociologie, permettant au formateur de comprendre les phénomènes de groupe en stage et de relativiser les difficultés relationnelles qu'il peut ressentir.

PROGRESSION PÉDAGOGIQUE : Juxtaposition d'activités pédagogiques dont la réalisation progressive permet l'atteinte d'objectifs. Pour satisfaire aux conditions d'apprentissage, nous préconisons pour chaque module une progression ternaire — découverte/démonstration/application — si l'objectif du module est le savoir-faire et le savoir-être, et une progression binaire — découverte/démonstration —, si l'objectif du module est le savoir.

PROPOSITION DE FORMATION : Document remis au commanditaire du stage, regroupant toutes les informations lui permettant de choisir ou non d'organiser le stage. Cette proposition peut maintenant suivre le référentiel publié par la norme AFNOR X 50-760.

RÉACTIVATION MÉMOIRE : Technique pédagogique issue de la méthode heuristique permettant, à chaque début de journée ou de session, de faire le point sur les connaissances, les compétences et les comportements acquis la veille ou pendant la session précédente.

SOUS-GROUPES : Technique pédagogique dite « mixte », c'est-à-dire issue à la fois des méthodes heuristique et démonstrative, permettant aux formés de réaliser une activité en petit comité, assurant ainsi la reconnaissance de chacun et une plus grande productivité du groupe.

TECHNIQUES PÉDAGOGIQUES : Procédés que le formateur utilise pour les activités pédagogiques : l'exposé, le tour de table, le débat, le jeu de rôles sont des techniques pédagogiques.

TECHNIQUES DE GESTION DU RELATIONNEL EN ANIMATION : Procédés non verbaux ou verbaux (écoute et argumentation) permettant au formateur de répondre aux remarques des participants et de gérer les situations relationnelles du groupe.

TEST ESSAI/ERREUR : Technique pédagogique issue de la méthode heuristique permettant au formé de se former seul en procédant par tâtonnement.

TOUR DE TABLE : Technique pédagogique dite «mixte », c'est-à-dire issue à la fois des méthodes heuristique et démonstrative, permettant à chaque participant de s'exprimer individuellement sur un sujet précis.

Sophie Courau

# LES OUTILS D'EXCELLENCE DU FORMATEUR

***Pédagogie et animation***

2

*Partie Applications pratiques*

ESF
*éditeur*

23, rue Truffaut, 75017 Paris

Collection
Formation Permanente en Sciences Humaines

Fondée par Roger Mucchielli
et dirigée par Lionel Bellenger


3e édition 1996
ISBN 2.7101.1022.9

## *TABLE DES EXERCICES*

# EXERCICE 1

## RÉDIGER DES OBJECTIFS PÉDAGOGIQUES

### ( Exercice de réflexion )

Cet exercice peut se réaliser seul. C'est un test d'application et de réflexion à faire après avoir lu la partie « Connaissance du problème ».

Voici une série de dix stages sur lesquels vous disposez de quelques informations. Vous devez en imaginer et en rédiger les objectifs pédagogiques en utilisant des verbes du registre du savoir (connaissances), du savoir-faire (compétences) et du savoir-être (comportements).

| THÈME, PUBLIC, DURÉE | SAVOIR | SAVOIR-FAIRE | SAVOIR-ÊTRE |
|---|---|---|---|
| Anglais écrit commercial, assistantes, 4J. | | | |
| WORD initiation, étudiants bac+2, 6J. | | | |
| Lecture rapide, tout public, 3J. | | | |
| Connaissance de Paris, touristes francophones, 1J. | | | |
| Gestion de conflits, managers, 2J. | | | |
| Formation de formateurs, formateurs occasionnels, 6J. | | | |

| THÈME, PUBLIC, DURÉE | SAVOIR | SAVOIR-FAIRE | SAVOIR-ÊTRE |
| --- | --- | --- | --- |
| Maintenance de photocopieurs, techniciens néophytes, 5J.<br>Coupe de cheveux hommes, CAP coiffure, 10 demi-journées.<br>Techniques de vente en boutique, vendeurs, 3J.<br>Histoire de l'art, les grands courants, retraités, 3 heures par se-maine pendant 3 mois. | | | |

Durée maximale : 45 minutes. Cet exercice peut être fait seul ou en groupe.

Corrigé page 23

# EXERCICE 2

## LES CONDITIONS D'APPRENTISSAGE

### ( Test de réflexion )

Cet exercice peut se réaliser seul. C'est un test de mémorisation et de réflexion à faire après avoir lu la partie « Connaissance du problème ».

Voici les sept conditions d'apprentissage pour un adulte ou un grand adolescent. Que faire concrètement dans un stage pour que chacune d'elles soit respectée ?

« Un adulte apprend... »

| CONDITION D'APPRENTISSAGE | QUE FAIRE POUR LA RESPECTER ? |
|---|---|
| ...s'il comprend<br>...si la formation est en relation directe avec son quotidien<br>...s'il perçoit, accepte et comprend les objectifs pédagogiques<br>...s'il agit et s'engage<br>...si le formateur sait utiliser les effets de la réussite et de l'échec<br>...s'il se sent intégré dans un groupe<br>...s'il est dans un climat de participation | |

Durée maximale : 30 minutes. Cet exercice peut être fait seul ou en groupe.

Corrigé page 25

# EXERCICE 3

## CONCEPTION D'UN FIL ROUGE DE STAGE

( Exercice d'application )

Voici la description sommaire d'un stage. Vous en rédigez le fil rouge sous forme de tableau (voir exposé 2, chapitre 5). Vous pouvez vous aider de ce chapitre pour le rédiger. Le fait que vous ne connaissiez pas forcément le thème du stage n'a aucune importance : il s'agit là d'un exercice de créativité et de « jonglage » avec les différents concepts et techniques pédagogiques présentés dans la partie « Connaissance du problème ». Il est souhaitable de ne pas dépasser une heure trente pour cet exercice. Il peut être fait seul ou en groupe.

**Thème** : Réalisation de glaces, sorbets et desserts glacés.

**Public** : Les dix membres inscrits dans une association suivant des cours de cuisine en cours du soir à des fins d'épanouissement personnel ou de reconversion professionnelle. Néophytes en la matière.

**Durée** : Module d'une journée à l'intérieur d'un cycle de 10 jours sur la pâtisserie.

**Matériel pédagogique** : Une salle de cours avec tableaux, rétroprojecteurs, projecteurs de diapos, vidéo et une cuisine toute équipée.

**Horaires** : 9 h - 17 h et pause sandwich d'une heure et demie.

**Objectifs** : Connaître les ingrédients et les recettes de base des glaces, sorbets et de trois desserts glacés (savoir). Être capable de fabriquer ces mets (savoir-faire). Prendre goût et plaisir à la réalisation de ces recettes et avoir envie de les réaliser chez soi (savoir-être).

Corrigé page 26

# EXERCICE 4

## LANCER UN EXERCICE DE DÉCOUVERTE EN SOUS-GROUPES

## ( Jeu de rôle )

Cet exercice peut se préparer seul et doit se réaliser en groupe, en utilisant si possible la vidéo.

**Situation**

Vous êtes formateur d'un stage de formation de formateurs qui regroupe 8 participants venus d'horizons différents et qui se déroule sur six jours. Vous devez lancer un exercice de découverte au début du premier jour, après le topo de lancement. Cet exercice se déroulera en sous-groupes.

**Objectif**

L'objectif de l'exercice est de faire exprimer aux stagiaires ce qu'ils connaissent et ce qu'ils pensent de la pédagogie, en les faisant réfléchir à des expériences qu'ils ont vécues en tant que stagiaires.

**Thème**

Le thème de travail des sous-groupes : quels sont les points clés pour réussir ou rater un stage du point de vue du stagiaire ?

**Règles du jeu**

*Étape 1, travail individuel de réflexion* : rédiger la fiche d'activité de cet exercice permettant de le lancer facilement.

*Étape 2, travail en groupe d'application* : un des membres du groupe est tiré au sort et devient le formateur. Il lance l'exercice de découverte en étant filmé en vidéo. Les autres membres du groupe simulent les stagiaires du stage de formation de formateurs puis, à l'issue du lancement, remplissent une fiche d'appréciation. Celui qui a joué le formateur explique comment il s'est senti, ce qu'il a pensé de sa prestation, puis les membres du groupe expriment leur avis à partir de leurs fiches d'appréciation, en commençant par les points qu'ils ont jugés positifs. Le formateur en fait ensuite la synthèse en s'aidant de la rediffusion de la cassette vidéo et invite le joueur à remplir lui-même une fiche d'appréciation tenant compte des commentaires.

Vous avez 10 minutes pour rédiger la fiche d'activité.

Corrigé page 28

# EXERCICE 5

## LANCER ET ANIMER UN EXERCICE DE DÉCOUVERTE EN BRAINSTORMING

## ( Jeu de rôle )

Cet exercice peut se préparer seul et doit se réaliser en groupe, en utilisant si possible la vidéo.

**Situation**

Vous êtes le formateur d'un stage formation de formateurs, regroupant 8 participants venus d'horizons différents et qui se déroule sur six jours.

Vous devez lancer un exercice de découverte. Cet exercice va se dérouler en brainstorming, en grand groupe.

**Objectif**

L'objectif de cet exercice est de dresser la liste la plus complète possible des typologies de stagiaires vécues comme difficiles par les participants. Les objectifs sous-jacents sont de permettre aux participants de se défouler et de se libérer de souvenirs désagréables vécus alors qu'ils animaient un stage, de leur faire prendre conscience qu'ils ont tous le même type de problèmes et ainsi de les soulager.

**Thème**

Le thème du brainstorming : Quels types de participants difficiles connaissez-vous ?

**La durée** du brainstorming est de dix minutes.

**Règles du jeu**

*Étape 1, travail individuel de réflexion* : rédiger la fiche d'activité de cet exercice permettant de le lancer facilement.

*Étape 2, travail en groupe d'application* : un des membres du groupe est tiré au sort et devient le formateur. Il lance et anime le brainstorming en étant filmé en vidéo. Les autres membres du groupe simulent les stagiaires du stage de formation de formateurs puis, à l'issue du lancement et de l'animation, remplissent une fiche d'appréciation. Celui qui a joué le formateur explique comment il s'est senti, ce qu'il a pensé de sa prestation, puis les membres du groupe expriment leur avis à partir de leurs fiches d'appréciation, en commençant par les points qu'ils ont jugés positifs. Le formateur en fait ensuite la synthèse en s'aidant de la rediffusion de la cassette vidéo et invite le joueur à remplir lui-même une fiche d'appréciation tenant compte des commentaires.

Vous avez 10 minutes pour rédiger la fiche d'activité.

Corrigé page 28

# EXERCICE 6

## LANCER ET ANIMER UN EXERCICE DE DÉCOUVERTE EN TOUR DE TABLE

( Jeu de rôle )

Cet exercice peut se préparer seul et doit se réaliser en groupe, en utilisant si possible la vidéo.

**Situation**

Vous êtes le formateur d'un stage d'initiation à l'anglais quotidien qui regroupe dix demandeurs d'emploi de niveau CAP technique. Vous devez lancer un exercice de découverte. Cet exercice se déroulera en tour de table, soit seul, soit à deux.

**Objectif**

L'objectif est de permettre aux participants d'exprimer ce qu'ils connaissent comme vocabulaire de base. L'objectif sous-jacent est de leur faire réaliser qu'ils connaissent déjà beaucoup de mots car la langue française utilise certains anglicismes.

**Thème**

Le thème du tour de table : Quels mots anglais connaissez-vous et quelles sont leur traduction en français ?

**Règles du jeu**

*Étape 1, travail individuel de réflexion* : rédiger la fiche d'activité de cet exercice permettant de le lancer facilement.

*Étape 2, travail en groupe d'application* : un des membres du groupe est tiré au sort et devient le formateur. Il lance et anime le tour de table en étant filmé en vidéo. Les autres membres du groupe simulent les stagiaires du stage d'anglais, puis, à l'issue du lancement et de l'animation, remplissent une fiche d'appréciation. Celui qui a joué le formateur explique comment il s'est senti, ce qu'il a pensé de sa prestation, puis les membres du groupe expriment leur avis à partir de leurs fiches d'appréciation, en commençant par les points qu'ils ont jugés positifs. Le formateur en fait ensuite la synthèse en s'aidant de la rediffusion de la cassette vidéo et invite le joueur à remplir lui-même une fiche d'appréciation tenant compte des commentaires.

Vous avez 10 minutes pour rédiger la fiche d'activité.

Corrigé page 28

# EXERCICE 7

## LANCER UN EXERCICE D'APPLICATION EN SOUS-GROUPES

## ( Jeu de rôle )

Cet exercice peut se préparer seul et doit se réaliser en groupe, en utilisant si possible la vidéo.

**Situation**

Vous êtes le formateur d'un stage d'expression écrite professionnelle qui regroupe vingt participants, étudiants en dernière année de BTS d'action commerciale.

Vous devez lancer un exercice d'application en sous-groupes.

**Objectif**

L'objectif est de leur faire rédiger une lettre de mailing en appliquant la technique que vous leur avez présentée auparavant.

**Thème**

Le thème de l'exercice : rédiger une lettre de mailing destinée à des dirigeants de PME et vantant les mérites d'un nouveau logiciel de gestion.

Chaque sous-groupe doit rédiger une lettre et la retranscrire sur une feuille de tableau de papier.

**Règles du jeu**

*Étape 1, travail individuel de réflexion* : rédiger la fiche d'activité de cet exercice permettant de le lancer facilement.

---

*Étape 2, travail en groupe d'application* : un des membres du groupe est tiré au sort et devient le formateur. Il lance les sous-groupes en étant filmé en vidéo. Les autres membres du groupe simulent les étudiants du stage d'expression écrite puis, à l'issue du lancement, remplissent une fiche d'appréciation. Celui qui a joué le formateur explique comment il s'est senti, ce qu'il a pensé de sa prestation, puis les membres du groupe expriment leur avis à partir de leurs fiches d'appréciation, en commençant par les points qu'ils ont jugés positifs. Le formateur en fait ensuite la synthèse en s'aidant de la rediffusion de la cassette vidéo et invite le joueur à remplir lui-même une fiche d'appréciation tenant compte des commentaires.

Vous avez 10 minutes pour rédiger la fiche d'activité.

Corrigé page 28

# EXERCICE 8

## RÉDACTION D'UNE INVITATION À UN STAGE

( Exercice d'application )

Vous rédigez l'invitation à un stage. Vous disposez des informations suivantes :

**Thème** : communication, techniques et comportements.

**Durée** : 3 jours.

**Lieu** : Pavillon Kléber, 7, rue Cimarosa, Paris 16$^{e}$.

**Horaires** : 9 h - 17 h 30.

**Public** : personnel administratif d'une entreprise de travaux publics.

Vous pouvez inventer les informations qui vous manquent.

**Durée maximale** : 30 minutes. Cet exercice peut être fait seul ou en groupe.

Corrigé page 29

# EXERCICE 9

## RÉPONSES AUX OBJECTIONS DES STAGIAIRES

### ( Exercice d'application )

Voici une liste de dix objections, remarques, expressions de résistance aux changements couramment exprimées par des adultes en formation.

Vous en cherchez les origines possibles et vous y répondez en essayant d'utiliser des techniques différentes (voir exposé 6).

| OBJECTIONS | ORIGINES POSSIBLES | RÉPONSES |
|---|---|---|
| C'est inadapté | | |
| Nous, c'est différent | | |
| C'est difficile | | |
| Je n'y arriverai jamais | | |
| Ce n'est pas à mon âge que je vais changer | | |
| Ce n'est pas nous qu'il faut former, ce sont les chefs | | |
| C'est compliqué | | |
| Cela n'est pas naturel | | |
| On ne pourra jamais tout retenir | | |
| Tout ça, c'est de la théorie | | |

Durée maximale : 20 minutes.

Corrigé page 30

# CORRIGÉS DES EXERCICES

## *CORRIGÉ EXERCICE 1*

Voici des exemples d'objectifs pédagogiques utilisant des verbes du registre du savoir (connaissances), du savoir-faire (compétences) et du savoir-être (comportements).

| THÈME, PUBLIC, DURÉE | SAVOIR | SAVOIR-FAIRE | SAVOIR-ÊTRE |
|---|---|---|---|
| anglais écrit commercial, assistantes, 4J. | connaître les principes et techniques commerciaux en anglais | rédiger des lettres commerciales en anglais en suivant les techniques | ne plus avoir d'appréhension face à l'anglais commercial |
| WORD initiation, étudiants bac+2, 6J. | retenir les principales utilisations et fonctions de WORD, c'est-à-dire... | utiliser sans erreur les principales fonctions de WORD, c'est-à-dire... | prendre goût au traitement de texte sur WORD |
| lecture rapide, tout public, 3J. | comprendre les principes, stratégies et techniques de la lecture rapide | augmenter de 100% sa vitesse, améliorer sa mémorisation et compréhension des journaux et magazines, rapports professionnels et livres d'idées simples | retrouver l'appétit de lire |
| connaissance de Paris, touristes francophones, 1J. | connaître la structure générale de Paris, les principaux monuments et comment s'y rendre, et les grandes étapes de son histoire | se diriger dans Paris, utiliser les transports en commun, s'organiser des plans de visite selon la durée du séjour | avoir envie de découvrir Paris par soi-même |
| gestion de conflits, managers, 2J. | analyser les mécanismes du conflit, les comprendre | déjouer, calmer ou créer un conflit en améliorant le résultat et la relation dans ses échanges professionnels | assumer calmement les conflits et ne plus les redouter |

| THÈME, PUBLIC, DURÉE | SAVOIR | SAVOIR-FAIRE | SAVOIR-ÊTRE |
|---|---|---|---|
| formation de formateurs, formateurs occasionnels, 6J. | connaître les principales étapes historiques, les méthodes et les techniques pédagogiques | être capable de concevoir et d'animer un stage dans ses domaines de spécialités | se sentir à l'aise en animation et en conception de séminaires |
| maintenance de photocopieurs, techniciens néophytes, 5J. | comprendre et mémoriser les composants, le fonctionnement, les principales pannes, leurs causes et leurs réparations du modèle X | être capable de réparer en moins d'une heure les principales pannes, c'est-à-dire..., sur le modèle X | ne plus avoir d'appréhension face aux pannes, développer sa curiosité par rapport à la machine |
| coupe de cheveux hommes, CAP coiffure, 10 demi-journées. | connaître et retenir le déroulement des 4 coupes de cheveux suivantes : ... et savoir à quels visages les adapter | réaliser les 4 coupes en moins d'une heure, en suivant les étapes et techniques et avec un résultat conforme à la fiche technique | être à l'aise dans la pratique des coupes... |
| techniques de vente en boutique, vendeurs, 3J. | connaître les étapes, les principes et les techniques d'une vente en boutique | être capable d'accueillir, de consulter, d'argumenter, de répondre aux objections, de parler prix et de conclure une vente en garantissant la fidélisation de la clientèle et une bonne image de marque de la boutique | aimer vendre en boutique et en être fier |
| histoire de l'art, les grands courants, retraités, 3 heures par semaine pendant 3 mois | connaître les grands courants de l'histoire de l'art en Europe occidentale et au Moyen-Orient depuis l'Antiquité | être capable de reconnaître l'époque et la façon des principaux types d'œuvres d'art européennes et moyen-orientales | avoir envie d'approfondir l'histoire de l'art |

## *CORRIGÉ EXERCICE 2*

Voici les sept conditions d'apprentissage pour un adulte ou un grand adolescent et leurs traductions en techniques pédagogiques (voir exposé 1 chapitre 3)

« Un adulte apprend... »

| CONDITION D'APPRENTISSAGE | QUE FAIRE POUR LA RESPECTER ? |
|---|---|
| ...s'il comprend. | Annoncer le programme sous forme de schéma reprenant clairement les étapes. Utiliser un vocabulaire adapté au niveau et au métier des participants. |
| ...si la formation est en relation directe avec son quotidien. | Choisir des exercices et des exemples en relation avec la vie quotidienne personnelle ou professionnelle des formés. |
| ...s'il perçoit, accepte et comprend les objectifs pédagogiques. | Topo de lancement (voir tome 1) : faire exprimer les attentes, annoncer les objectifs et démontrer entre les deux. Annoncer les objectifs de chaque module et de chaque activité. |
| ...s'il agit et s'engage. | Utiliser la progression pédagogique en trois étapes : 2/3 d'action pour les stagiaires, 1/3 d'action pour le formateur. |
| ...si le formateur sait utiliser les effets de la réussite et de l'échec. | Expliquer les quatre étapes de l'apprentissage. |
| ...s'il se sent intégré dans un groupe. | Créer des groupes de travail. |
| ...s'il est dans un climat de participation. | Inciter, par les activités choisies, à la prise de parole et l'implication individuelle. |

## *CORRIGÉ EXERCICE 3*

RÉALISATION DE GLACES, SORBETS ET DESSERTS GLACÉS

| HORAIRE | THÈME DU MODULE | OBJECTIF PÉDAGOGIQUE | TECHNIQUE PÉDAGOGIQUE | TYPE D'ACTIVITÉ ET PHASE D'APPRENTISSAGE |
|---|---|---|---|---|
| 9h/9h15 | topo de lancement | connaître le fonctionnement du stage (savoir) | exposés et tour de table (attentes) | démonstrative/heuristique<br>incompétence inconsciente |
| 9h15/9h30 | connaissances préalables sur le thème : méthode, goût, ingrédients | faire le point sur ce qu'on sait et ce que les autres savent | sous-groupes | heuristique<br>incompétence consciente |
| 9h30/10h | glaces et sorbets : ingrédients et proportions | savoir | exposé et présentation d'ingrédients réels | démonstrative<br>incompétence consciente |
| 10h/10h15 | choix d'un parfum de glace et préparation des ingrédients | savoir-faire | binôme, exercice en cuisine | applicative<br>compétence consciente |
| 10h15/10h45 | glaces et sorbets : recette et tour de main | savoir | démonstration/exposé du formateur en cuisine | démonstrative<br>incompétence consciente |
| 10h45/11h | PAUSE CAFÉ | | | |
| 11h/11h30 | réalisation de la glace ou du sorbet et mise au froid | savoir-faire | binôme, exercice en cuisine | applicative<br>compétence consciente |
| 11h30/12h | bilan des actions | savoir-être | discussion de groupe : échange d'avis | heuristique<br>compétence consciente |

| HORAIRE | THÈME DU MODULE | OBJECTIF PÉDAGOGIQUE | TECHNIQUE PÉDAGOGIQUE | TYPE D'ACTIVITÉ ET PHASE D'APPRENTISSAGE |
|---|---|---|---|---|
| 12h/13h30 | DÉJEUNER DÉGUSTATION | | | |
| 13h30/14h | les desserts glacés : connaissances préalables, puis choix d'une recette par binôme (trois recettes au total) | savoir | brainstorming à partir de diapos : deviner le nom et les ingrédients de ce dessert, puis choix d'une recette | heurisistique<br>incompétence consciente |
| 14h/14h45 | explication des trois recettes sans démonstration | savoir | exposé avec tableau de papier et cassette vidéo | démonstrative<br>incompétence consciente |
| 14h45/15h45 | réalisation de la recette par binôme et mise au froid | savoir-faire | binôme, exercice d'application en cuisine, le formateur passe dans les groupes et filme certains passages en vidéo | applicative<br>compétence consciente |
| 15h45/16h | PAUSE et DISCUSSION<br>bilan des actions | savoir-être | discussion de groupe, échange d'avis autour d'un verre | |
| 16h/16h45 | analyse de la vidéo et debriefing des tours de main, derniers conseils et questions | savoir-faire et savoir-être | debriefing : les joueurs, le groupe, le formateur | heuristique<br>compétence consciente |
| 16h45/17h | synthèse du stage, dégustation | savoir et savoir-être | exposé puis échanges informels | démo. - comp.consc…et joie de la gourmandise ! |

## *CORRIGÉ DES EXERCICES 4, 5, 6, 7*

GRILLE D'APPRÉCIATION DES JEUX DE RÔLE
LANCEMENTS ET ANIMATION D'EXERCICES

THÈME DU JEU :
OBJECTIF DU JEU :
NOM DU JOUEUR :

| POINTS À OBSERVER | POSITIF | À AMÉLIORER | TECHNIQUES À APPLIQUER |
|---|---|---|---|
| Annonce du type de l'exercice | | | |
| Annonce du thème de l'exercice | | | |
| Annonce de l'objectif, du résultat attendu et des suites | | | |
| Annonce du mode d'emploi et des règles | | | |
| Annonce de la durée | | | |
| Phrase de lancement | | | |
| Gestuelle, voix, regard, déplacement | | | |
| Gestion de l'auditoire pendant l'animation | | | |
| Utilisation des aides visuelles | | | |

## *CORRIGÉ EXERCICE 8*

| Destinataires : | Expéditeur : |
| --- | --- |
| Mmes X, Y, Z... | M.F., service Formation |
| MM A, B, C... | |
| | Paris, le 16 avril 1993 |

Objet : INVITATION AU STAGE
*COMMUNICATION, TECHNIQUES ET COMPORTEMENTS*

Nous sommes heureux de vous inviter au stage : *Communication, techniques et comportement.*

Vous trouverez ci-après toutes les informations nécessaires. Jean F., service Formation, est à votre disposition au 42.29 pour répondre à toutes vos questions. Nous vous remercions de le contacter dans la semaine du 19 avril afin de confirmer votre présence.

**Dates** : 21, 22 et 23 mai 1993

**Lieu** : Pavillon Kléber, 7, rue Cimarosa, 75016 PARIS,
Tél : 47 04 46 22

**Accès** : métro, station Boissière, ligne 6 ; autobus, station Kléber-Boissière, ligne 30.

**Horaires** : 9 heures à 17 heures 30, déjeuner prévu avec le groupe entre 12 heures 30 et 14 heures.

**Objectifs du stage** : Connaître les différents mécanismes de la relation d'échange ; mieux se connaître et connaître les autres ; comprendre les phénomènes de communication ; être plus à l'aise en situation d'échange, même difficile, personnel et professionnel ; utiliser des techniques simples pour améliorer son écoute, son expression et faire face à certains cas difficiles : demander, refuser, exprimer des sentiments, confronter, gérer des conflits.

**Pédagogie** : Travaux de groupes, réflexions individuelles, simulations vidéo non obligatoires, jeux de rôle. Pédagogie ludique, concrète et détendue. Documents remis.

**Programme indicatif** : Les différents comportements en situation de communication ; leurs origines ; les techniques d'écoute, d'expression, de demande, de refus, de confrontation ; la gestion des conflits ; les émotions.

**Animation** : assurée par Sophie COURAU.

## *CORRIGÉ EXERCICE 9*

Voici une liste de dix objections, remarques, expressions de résistance au changement couramment exprimées par des adultes en formation, leurs origines et leurs réponses possibles.

| OBJECTIONS | ORIGINES POSSIBLES | RÉPONSES |
|---|---|---|
| C'est inadapté | Besoins de reconnaissance et de compréhension. | La question que vous vous posez, c'est comment adapter cette technique à votre pratique. Eh bien... (recadrage positif) |
| Nous, c'est différent | Besoin de reconnaissance. | Qu'est-ce qui est différent, précisément ? (question relais). |
| C'est difficile | Difficulté à faire le transfert. | Métaphore du sport. |
| Je n'y arriverai jamais | Besoin de reconnaissance et résistance au changement. | Métaphore du permis de conduire. |
| Ce n'est pas à mon âge que je vais changer | Besoin de reconnaissance. | Que faudrait-il faire, à votre avis, pour que vous puissiez appliquer une partie de ces techniques? (demande de proposition) |
| Ce n'est pas nous qu'il faut former, ce sont les chefs | Besoin de reconnaissance. | Ce que vous voulez dire, c'est que ce stage correspondrait aussi bien à vos chefs qu'à vous ? (reformulation interprétative) |
| C'est compliqué | Résistance au changement. | Oui, je comprends tout à fait qu'il y ait beaucoup de choses à intégrer en même temps, et je vous propose de faire un exercice simple qui mettra en lumière chacune des étapes. (argumentation douce) |
| Cela n'est pas naturel | Résistance au changement. | L'analogie avec l'apprentissage du bébé. |
| On ne pourra jamais tout retenir | Difficulté à faire le transfert. | Et si vous reteniez tout, qu'est-ce que cela changerait pour vous ? (détour par l'imaginaire) |
| Tout ça, c'est de la théorie | Besoin d'agir. | Qu'en pensez-vous ? + regard circulaire. (appel au groupe favorisant l'émergence du sauveur) |

NOTES

# NOTES

# PLAN D'AUTOPERFECTIONNEMENT INDIVIDUEL

1. Lire l'introduction et l'exposé 1.
2. Faire l'exercice 2.
3. Lire l'exposé 2.
4. Faire l'exercice 1.
5. Faire l'exercice 3, en s'aidant des exemples de fils rouges décrits dans le chapitre 5 de l'exposé 2 et en lisant le lexique.
6. Lire l'exposé 3, chapitres 1 et 2.
7. Faire l'exercice 4, en préparant par écrit pendant dix minutes, puis en s'enregistrant si possible avec un camescope.
8. Regarder l'enregistrement en annotant la grille d'appréciation intitulée « corrigé des exercices 4, 5, 6, 7 ».
9. Faire l'exercice 5, en préparant par écrit pendant 10 minutes, puis en enregistrant le lancement du brainstorming avec un camescope.
10. Regarder l'enregistrement en annotant la grille d'appréciation.
11. Lire les chapitres 3 et 4 de l'exposé 3.
12. Faire soit l'exercice 6, soit l'exercice 7, en suivant le même principe que pour les exercices 4 et 5.
13. Regarder l'enregistrement en annotant la grille d'appréciation.
14. Lire l'exposé 4.
15. Faire l'exercice 8.
16. Lire les exposés 5 et 6.
17. Faire l'exercice 9.
18. Relire l'introduction, la conclusion et le lexique.

# PROGRAMME DE SESSION

Programme d'une session de quatre jours d'entraînement à l'utilisation des outils d'excellence du formateur : pédagogie et animation.
Formateurs occasionnels déjà expérimentés.

Pour un public de néophytes, ce programme peut parfaitement se dérouler sur cinq jours, en prenant plus de temps pour chaque exercice et en multipliant les trainings vidéo.

Dix à douze participants.

**PREMIÈRE JOURNÉE. Les principes théoriques de base qui conditionnent la progression pédagogique :**

Les courants de la pédagogie, les conditions d'apprentissage, les phases d'apprentissage, la définition d'objectifs pédagogiques, la notion du temps en stage.

9h à 9h30 : Topo de lancement complet (voir tome 1), présentation du programme à l'aide de la métaphore de l'introduction (le bateau)

Module 1, objectif : connaître les courants de la pédagogie (savoir).

9h30 à 10h : Exercice des représentations en trois sous-groupes ; qu'évoquent pour vous les mots : formé, formateur et formation ?

10h à 10h30 : Debriefing et exposé : les quatre courants de la pédagogie (exposé 1, chapitres 1 et 2).

10h30 à 10h45 : Pause

Module 2, objectifs : connaître les conditions d'apprentissage et être capable de les respecter par une pratique pédagogique (savoir, savoir-faire).

10h45 à 11h : Exercice de découverte, tour de table en binôme : à quelles conditions un adulte apprend-il ?

11h à 11h30 : Exposé : les sept conditions d'apprentissage (exposé 1, chapitre 3).

11h30 à 12h : Exercice d'application n°2 en sous-groupes.

12h à 12h30 : Debriefing et explication des termes de base : courants pédagogiques, conditions d'apprentissage, progression, méthodes, techniques et outils pédagogiques (lexique).

12h30 à 14h : Pause déjeuner

Module 3, objectifs : savoir ce qu'est un objectif pédagogique et être capable de rédiger des objectifs justes (savoir et savoir-faire).

14h à 14h15 : Exercice de découverte, brainstorming : qu'est-ce qu'un objectif pédagogique ?

14h15 à 14h45 : Exposé : les objectifs pédagogiques, définition et rédaction (exposé 2, chapitre 1).

14h45 à 15h15 : Exercice d'application n°1 en sous-groupes : rédiger des objectifs pédagogiques.

Module 4, objectif : connaître les phases d'apprentissage et en comprendre l'implication (savoir).

15h15 à 16h : Exposé : les phases d'apprentissage (exposé 2, chapitre 2).

16h à 16h15 : Pause

Module 5, objectif : savoir comment organiser le temps en stage (savoir).

16h15 à 16h30 : Exercice de découverte en débat : comment organiser le temps en stage ?

16h30 à 16h50 : Exposé : l'organisation du temps en stage (exposé 2, chapitre 4).

Module 6, objectif : comprendre la notion de progression pédagogique et découvrir comment tous les modules précédents y aboutissent (savoir).

16h50 à 17h15 : Exercice d'application en sous-groupes : à partir de tout ce qui a été dit aujourd'hui et en observant l'organisation de la journée, que pouvez-vous en conclure sur la notion de progression pédagogique ?

17h15 à 17h30 : Debriefing et exposé : la progression pédagogique (exposé 2, chapitre 3). Synthèse de la journée.

**DEUXIÈME JOURNÉE. Le savoir-faire pédagogique : les méthodes, techniques et outils pédagogiques, la réalisation du fil rouge.**

9h à 9h30 : Exercice de réactivation mémoire en sous-groupes (voir exemples dans exposé 3, chapitre 1).

Module 7, objectif : connaître les différentes techniques pédagogiques, être capable de les appliquer avec aisance (savoir, savoir-faire et savoir-être).

9h30 à 9h45 : Exercice de découverte en tour de table individuel : qu'est-ce qu'une technique pédagogique ? En citer trois.

9h45 à 10h : Exposé : les trois familles de techniques pédagogiques, (heuristique, démonstrative, applicative) et les principales techniques qui en font partie (exposé 3, introductions des chapitres 1, 2 et 3).

10h à 10h30 : Exercice de découverte en quatre sous-groupes ; chaque sous-groupe prend une des techniques pédagogiques ci-après et répond aux questions : à quoi sert-elle ?, comment la lancer ?, comment la gérer ?, comment la conclure ? (tour de table, brainstorming, sous-groupe, jeu de rôle ou simulation).

10h30 à 10h45 : Pause

10h45 à 11h15 : Exposé : mode d'emploi des techniques pédagogiques à partir du debriefing de l'exercice précédent (exposé 3, chapitres 1, 2, et 3 pour les techniques choisies par les sous-groupes).

11h15 à 12h30 : Exercice d'application vidéo (n° 6), avec préparation écrite individuelle pendant 10 minutes, tirage au sort du formateur, enregistrement vidéo de sa prestation, debriefing et synthèse.

12h30 à 14h : Pause déjeuner

14h à 14h45 : Exercice d'application vidéo (n°4 ou 7), sur le même modèle que l'exercice précédent.

Module 6 (suite), objectif : être capable de rédiger un fil rouge de stage en suivant la progression pédagogique (savoir-faire).

14h45 à 15h15 : Exposé : présentation du fil rouge sous forme de tableau (exposé 2, chapitre 5).

15h15 à 16h15 : Exercice d'application en sous-groupes : exercice n°3, ou choisir parmi des cas réels de stage proposés par les stagiaires (travailler seulement la première journée en détail).

16h15 à 17h30 : Debriefing et synthèse de la journée.

**TROISIÈME JOURNÉE : Les principes de base de l'animtion d'un groupe en formation. Les typologies d'apprenants et de situations relationnelles. Les techniques de gestion du relationnel en stage.**

9h à 9h30 : Réactivation mémoire lancée par un stagiaire tiré au sort ou volontaire. Préparation individuelle écrite préalable.

Module 8, objectif : connaître les typologies de stagiaires et les principes d'animation d'un groupe en stage (savoir).

9h30 à 10h : Exercice de découverte en brainstorming lancé et animé par un stagiaire tiré au sort ou volontaire (exercice 5) pour trouver des typologies de participants difficiles. Préparation individuelle écrite préalable.

10h à 11h : Exposé : les principes de gestion du relationnel en stage (exposé 5, chapitres 1 et 2).

11h à 11h15 : Pause

Module 9, objectifs : connaître et appliquer les techniques de gestion du relationnel et être plus à l'aise en animation de groupe (savoir, savoir-faire et savoir-être).

11h15 à 11h45 : Exercice de découverte en sous-groupes : chaque groupe choisit dans la liste issue du brainstorming cinq types de participants difficiles et, pour chacun d'eux, répond à deux questions : Que dire ?, Que faire ?

11h45 à 12h30 : Debriefing et exposé : les principales techniques de gestion du relationnel (exposé 6, chapitres 1, 2, et 3).

12h30 à 14h : Pause déjeuner

14h à 14h30 : Exercice d'application en sous-groupes (n°9).

14h30 à 15h : Exercice d'application en sous-groupes : trouver des métaphores.

15h à 15h30 : Exercice de découverte en brainstorming animé par un stagiaire tiré au sort ou volontaire pour trouver des exemples d'objections clas-

siques faites par les stagiaires. Préparation individuelle écrite préalable.

15h30 à 16h : Exercice d'application en sous-groupes : trouver des réponses aux objections en utilisant les techniques.

16h à 16h15 : Pause

16h15 à 17h : Exercice d'application en trinôme : un stagiaire, un formateur et un observateur (rôles tournants), réponses orales du tac au tac aux objections et remarques.

17h00 à 17h30 : Debriefing, recueil des impressions et synthèse.

**QUATRIÈME JOURNÉE : Les techniques de gestion du relationnel en stage (suite). Les documents d'un stage. Concevoir un stage complet.**

9h à 9h30 : Exercice de réactivation mémoire.

9h30 à 10h : Exercice d'application en tour de table, le formateur lance des objections aux stagiaires qui doivent répondre spontanément. Vidéo, debriefing.

10h à 11h : Exercice d'application en tour de table (type n°6) avec des participants difficiles. Vidéo, debriefing.

11h à 11h15 : Pause

Module 10, objectifs : connaître les principaux documents de stage et être capable de rédiger une invitation ou une proposition (savoir et savoir-faire)

11h15 à 12h : Exposé rapide et distribution de supports écrits : les principaux documents de stage (exposé 4, chapitre 2).

12h à 12h30 : Exercice d'application en sous-groupes : n°8 ou rédaction d'une proposition à partir d'un cas réel.

12h30 à 14h : Pause déjeuner.

Module 11, objectifs : comprendre comment s'articulent toutes les techniques vues depuis quatre jours et être capable de concevoir un stage (savoir et savoir-faire).

14h à 14h30 : Exposé et distribution de documents : concevoir un stage de A à Z (exposé 4, chapitre 1).

14h30 à 15h : Exercice d'application en atelier : travaux sur la conception de séminaires réels à partir de cas apportés par les participants. Ateliers à la carte : conception d'un fil rouge d'une journée, ou d'une proposition, ou d'un stage en général (objectifs et découpage en modules).

15h à 15h30 : Debriefing.

15h30 à 15h45 : Pause

15h45 à 16h15 : Synthèse du stage (voir tome 1).

16h15 à 16h45 : Plan d'action individuel et debriefing.

16h45 à 17h30 : Évaluation et au revoir.